MP3 다운로드 방법

컴퓨터에서

- 네이버 블로그 주소란에 **www.lancom.co.kr** 입력 또는 네이버 블로그 검색창에 **랭컴**을 입력하신 후 다운로드

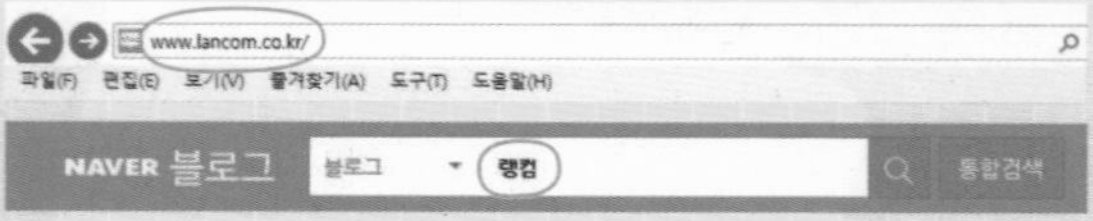

- **www.webhard.co.kr**에서 직접 다운로드

아이디 : **lancombook**
패스워드 : **lancombook**

스마트폰에서

콜롬북스 앱을 통해서 본문 전체가 녹음된 **MP3** 파일을 **무료**로 **다운로드**할 수 있습니다.

- 구글플레이 · 앱스토어에서 **콜롬북스 앱** 다운로드 및 설치
- 이메일로 회원 가입 → **도서명** 또는 **랭컴** 검색 → **MP3 다운로드**

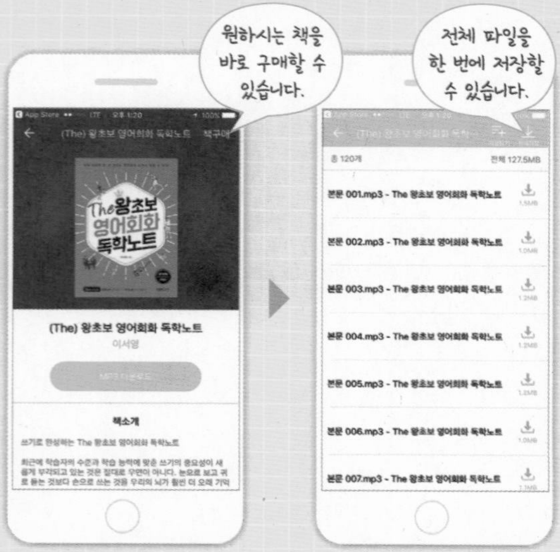

MP3 사용법

▶ mp3 다운로드

www.lancom.co.kr에 접속하여 **mp3**파일을 무료로 다운로드합니다.

▶ 우리말과 중국인의 1 : 1 녹음

책 없이도 공부할 수 있도록 중국인 남녀가 자연스런 속도로 번갈아가며 중국어 문장을 녹음하였습니다. 우리말 한 문장마다 중국인 남녀 성우가 각각 1번씩 읽어주기 때문에 한 문장을 두 번씩 듣는 효과가 있습니다.

▶ mp3 반복 청취

교재를 공부한 후에 녹음을 반복해서 청취하셔도 좋고, 중국인의 녹음을 먼저 듣고 잘 이해할 수 없는 부분은 교재로 확인해보는 방법으로 공부하셔도 좋습니다. 어떤 방법이든 자신에게 잘 맞는다고 생각되는 방법으로 꼼꼼하게 공부하십시오. 보다 자신 있게 중국어를 할 수 있게 될 것입니다.

▶ 정확한 발음 익히기

발음을 공부할 때는 반드시 함께 제공되는 mp3 파일을 이용하시기 바랍니다. 언어를 배울 때 듣는 것이 중요하다는 것은 두말할 필요가 없습니다. 오랫동안 자주 반복해서 듣는 연습을 하다보면 어느 순간 갑자기 말문이 열리게 되는 것을 경험할 수 있을 것입니다. 의사소통을 잘 하기 위해서는 말을 잘하는 것도 중요하지만 상대가 말하는 것을 정확하게 듣는 것이 더 중요하다고 합니다. 활용도가 높은 기본적인 표현을 가능한 한 많이 암기할 것과, 동시에 중국인이 읽어주는 문장을 지속적으로 꾸준히 듣는 연습을 병행하시기를 권해드립니다. 듣는 연습을 할 때는 실제로 소리를 내어 따라서 말해보는 것이 더욱 효과적입니다.

포켓북

왕초보 일상 중국어회화

포켓북

왕초보 일상 중국어회화

2019년 4월 25일 초판 1쇄 인쇄
2019년 5월 01일 초판 1쇄 발행

지은이 송미경
발행인 손건
편집기획 김상배, 장수경
마케팅 이언영
디자인 이성세
제작 최승용
인쇄 선경프린테크

발행처 ***Lan**Com* 랭컴
주소 서울시 영등포구 영신로38길 17
등록번호 제 312-2006-00060호
전화 02) 2636-0895
팩스 02) 2636-0896
홈페이지 www.lancom.co.kr

ISBN 979-11-89204-38-9 13720

나만 믿고 따라와~
만만하게 듣고 당당하게 말한다!

내손에 펼쳐진 포켓북

왕초보 일상 중국어 회화

송미경 지음

LanCom
Language & Communication

들어가며

국내에서 중국인과 함께 생활하거나 중국에서 직접 그 나라의 사람들과 생활을 할 때는 일상적인 회화는 절대적으로 필요합니다. 따라서 이 책은 '사용할 수 있는 회화'라는 기준을 두고 실제 상황에서 자연스럽게 쓸 수 있는 표현만을 엄선하였습니다. 누구나 배우기 쉽고 또 배운 표현을 통해 다양한 응용이 가능하도록 구성되어 있습니다.

✡ 휴대가 간편한 일상회화

중국 현지에서 그때그때 필요한 회화표현을 쉽게 찾아서 말할 수 있도록 한 손에 쏙 들어가는 사이즈로 만들었습니다.

✡ 상황별로 익히는 상황표현

회화가 일어날 수 있는 다양한 상황들을 크게 10가지 상황으로 분류하였습니다. 하루일과에서 학교생활, 직장생활, 외출, 초대와 방문 등 '일상생활'의 필수 표현을 수록하여 어떤 상황에서도 쉽게 적용할 수 있습니다.

✡ 확장과 응용이 쉬운 내용 선별

이 책은 기본을 익히면 충분히 응용할 수 있는 내용을 선별하여, 상대방이나 상황의 자연스런 흐름을 예상하면서 읽다보면 중국어로는 '이렇게 말하면 되는구나'하는 감각이 저절로 생기게 됩니다.

☆ 기본 표현을 응용할 수 있는 대화문

각 유닛에 들어가지 전에 각 상황에 맞는 생생한 대화문을 먼저 수록하여 표현의 정확한 쓰임을 파악할 수 있습니다. 이어서 기본 표현에서는 단순히 많은 표현을 싣기보다는 그 상황에서 가장 많이 쓰이는 6개 표현만을 엄선하여 회화 공부의 부담감을 크게 줄였습니다.

☆ 회화의 감을 높일 수 있는 Check Point!

기본 표현을 익히기 전에 상황별 회화에서의 필요한 뉘앙스 설명이나 팁을 실어 같은 의미라도 어느 표현이 적합한지 판단할 수 있는 감을 기를 수 있습니다. 우리와는 다른 중국 문화에 대한 정보나, 설명이 더 필요한 문장에 대해 단어나 유의어 표현 등을 추가하였습니다.

☆ 왕초보자도 읽을 수 있도록 한글로 중국어 발음 표기

이 책은 중국어 회화를 제대로 구사하지 못해도 중국어 병음 밑에 한글로 그 발음을 달아두었기 때문에 또박또박 발음만 잘한다면 중국인들도 충분히 알아들을 수 있습니다. 또한 무료로 제공하는 MP3 파일에는 중국인의 생생한 목소리가 담겨져 있어 보다 정확한 발음을 익힐 수 있습니다.

차례

Part 1 인사

01 인사할 때 17
02 근황을 물을 때 19
03 처음 만났을 때 21
04 소개할 때 23
05 오랜만에 만났을 때 25
06 우연히 만났을 때 27
07 헤어질 때 29
08 떠나보낼 때 31
09 고마울 때 33
10 미안할 때 35

Part 2 하루

01 아침에 일어나서 41
02 아침 준비 43
03 집을 나설 때 45
04 집안 청소 47
05 세탁 49
06 귀가 51
07 요리를 할 때 53
08 저녁식사 55
09 저녁에 잘 때 57
10 휴일 59

Part 3 학교

01 출신학교와 전공 65
02 학교와 학년 67
03 학교생활 69

04 수강신청과 학점 71
05 수업 73
06 중국어 75
07 시험 77
08 성적 79
09 도서관 81
10 기숙사 83

Part 4 직장

01 출퇴근 89
02 근무에 대해서 91
03 상사와 부하에 대해서 93
04 회사를 소개할 때 95
05 업무 97
06 사무실 99
07 입사와 승진·이동 101
08 급여 103
09 휴가와 휴식 105
10 사직과 퇴직 107

Part 5 외출

01 길을 물을 때 113
02 택시를 탈 때 115
03 버스를 탈 때 117
04 지하철을 탈 때 119
05 열차를 탈 때 121
06 비행기를 탈 때 123
07 렌터카 125
08 자동차를 운전할 때 127

09 길을 잃었을 때 129
10 교통사고가 났을 때 131

Part 6 외식

01 식당을 찾을 때 137
02 식당 예약 139
03 자리에 앉을 때까지 141
04 메뉴를 볼 때 143
05 주문할 때 145
06 식당에서의 트러블 147
07 식사를 하면서 149
08 음식맛의 표현 151
09 식당에서의 계산 153
10 술을 마실 때 155

Part 7 쇼핑

01 가게를 찾을 때 161
02 쇼핑센터에서 163
03 물건을 찾을 때 165
04 물건을 고를 때 167
05 물건값을 흥정할 때 169
06 물건값을 계산할 때 171
07 포장이나 배달을 원할 때 173
08 교환이나 환불을 원할 때 175
09 물건을 분실했을 때 177
10 도난당했을 때 179

Part 8 초대와 방문

01 전화를 걸 때 185
02 전화를 받을 때 187
03 약속을 청할 때 189

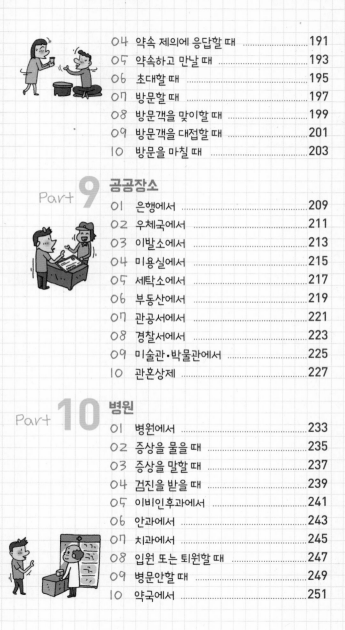

04 약속 제의에 응답할 때 191
05 약속하고 만날 때 193
06 초대할 때 195
07 방문할 때 197
08 방문객을 맞이할 때 199
09 방문객을 대접할 때 201
10 방문을 마칠 때 203

Part 9 공공장소

01 은행에서 209
02 우체국에서 211
03 이발소에서 213
04 미용실에서 215
05 세탁소에서 217
06 부동산에서 219
07 관공서에서 221
08 경찰서에서 223
09 미술관·박물관에서 225
10 관혼상제 227

Part 10 병원

01 병원에서 233
02 증상을 물을 때 235
03 증상을 말할 때 237
04 검진을 받을 때 239
05 이비인후과에서 241
06 안과에서 243
07 치과에서 245
08 입원 또는 퇴원할 때 247
09 병문안할 때 249
10 약국에서 251

EVERYDAY

Part 01

인사

중국어

Unit 01 인사할 때

Mini Talk

A: 你好，最近怎么样？

Nǐ hǎo, zuìjìn zěnmeyàng

니 하오, 쭈이진 쩐머양

안녕하세요, 요즘 어떠세요?

B: 很好，你呢？

Hěn hǎo, nǐ ne

헌 하오, 니 너

잘 지내요, 당신은요?

Check Point!

사람을 만났을 때 가장 많이 쓰이는 일상적인 인사는 你好(Nǐhǎo)!입니다. 우리말의 '안녕하세요?'에 해당하는 인사로서 시간이나 장소 또는 연령에도 구애받지 않고 무난히 쓸 수 있습니다. 상대방을 높여서 인사할 때는 您好(Nínhǎo)!라고 합니다. 또한 아침에 만났을 때는 早安(Zǎoān)!, 저녁때 만났을 때는 晚安(Wǎn'ān)!으로 인사를 나눕니다.

Basic Expression

안녕하세요.

你好! / 您好!

Nĭ hăo　　Nín hăo
니 하오　　닌 하오

안녕하세요?

你好吗?

Nĭ hăo ma
니 하오 마

안녕하세요.(아침인사)

你早! / 早安! / 早上好!

Nĭ zăo　　Zăo'ān　　Zăoshang hăo
니 짜오　　짜오안　　짜오상 하오

안녕하세요. (저녁인사)

晚上好!

Wănshang hăo
완상 하오

안녕히 주무세요.

晚安!

Wăn'ān
완안

여러분, 안녕하세요.

大家好!

Dàjiā hăo
따지아 하오

---

01 대화 다시듣기

A: 안녕하세요, 요즘 어떠세요?　　□ □ □

B: 잘 지내요, 당신은요?

학습일 /

Unit

02 근황을 물을 때

Mini Talk

A: 身体好了吗?

Shēntǐ hǎo le ma

선티 하오 러 마

건강은 좋아지셨어요?

B: 没事了。

Méishì le

메이스 러

괜찮습니다.

Check Point!

상대가 잘 지내는지 안부를 물어보려면 最近怎么样(Zuìjìn zěnmeyàng)? 또는 最近过得怎么样(Zuìjìn guò de zěnmeyàng)?과 같이 말합니다. 得(de)는 동사나 형용사 뒤에서 정도를 나타내는 정도보어를 연결해줍니다. 즉 ‘지내는 정도가 어떤가요?’라고 묻는 말입니다. 그밖에도 일이나 건강 등을 묻기도 하고 가족의 안부를 물어보기도 합니다.

Basic Expression

요즘 어떻게 지내세요?

最近怎么样?

Zuìjìn zěnmeyàng

쭈이진 쩐머양

잘 지내세요?

还好吗?

Háihaǒ ma

하이하오 마

덕분에 잘 지내고 있습니다, 당신은요?

托您的福很好， 你呢?

Tuō nín de fú hěnhǎo, nǐ ne

투어 닌 더 푸 헌하오, 니 너

건강은 좋아지셨어요?

身体好了吗?

Shēntǐ hǎo le ma

선티 하오 러 마

일은 바쁘세요?

工作忙吗?

Gōngzuò máng ma

꽁쭈어 망 마

별 일 없으시지요?

没什么事吧?

Méi shénme shì ba

메이 선머 스 바

02 대화 다시듣기

A: 건강은 좋아지셨어요?

B: 괜찮습니다.

Unit 03 처음 만났을 때

Mini Talk

A: 我先自我介绍一下。

Wǒ xiān zìwǒjièshào yíxià

워 시엔 쯔워지에샤오 이시아

제 소개를 먼저 하겠습니다.

B: 好。

Hǎo

하오

좋아요.

Check Point!

처음 사람을 만났을 때 중국인은 고개 숙여 인사하기보다 악수를 건네는 편입니다. 만약 중국인이 你好(Nǐhǎo)!라고 손을 내밀면 주저하지 말고 손을 건네는 것이 좋습니다. 상대의 이름을 물을 때는 您贵姓(Nín guì xìng)?이라고 하며, 이에 대한 응답으로 자신의 이름을 말할 때는 我姓(Wǒ xìng)○○라고 하면 됩니다.

Basic Expression

처음 뵙겠습니다.

初次见面。

Chūcì jiànmiàn

추츠 지엔미엔

뵙게 되어 반갑습니다.

认识你很高兴。

Rènshi nǐ hěn gāoxìng

런스 니 헌 까오싱

말씀 많이 들었습니다.

久仰久仰。

Jiǔyǎng jiǔyǎng

지우양 지우양

만나서 반갑습니다.

见到你很高兴。

Jiàndào nǐ hěn gāoxìng

지엔따오 니 헌 까오싱

이름이 어떻게 됩니까?

您贵姓?

Nín guì xìng

닌 꾸이 싱

성은 김이고, 이름은 희선입니다.

我姓金， 叫喜善。

Wǒ xìng Jīn, jiào Xīshàn

워 싱 진, 쟈오 시산

---

03 대화 다시듣기

A: 제 소개를 먼저 하겠습니다.

B: 좋아요.

☐ ☐ ☐

Unit 04 소개할 때

Mini Talk

A: 久闻大名，见到你很高兴。

Jiǔwén dàmíng, jiàndào nǐ hěn gāoxìng

지우원 따밍, 지엔따오 니 헌 까오싱

존함을 오래 전부터 들었습니다. 만나서 반갑습니다.

B: 认识你我也很高兴。

Rènshi nǐ wǒ yě hěn gāoxìng

런스 니 워 예 헌 까오싱

저도 뵙게 되어 기쁩니다.

Check Point!

다른 사람을 자신이 소개할 때는 먼저 我来介绍一下(Wǒ lái jièshào yíxià)라고 합니다. 물론 사람 이외에 다른 대상이나 상황을 소개할 때도 이렇게 말할 수 있습니다. 사람을 소개할 때는 这是~(이쪽은 ~입니다) 또는 这位是~(이분은 ~이십니다)로 시작하는데 사람을 세는 양사를 선별적으로 사용해서 높임의 뜻을 나타내줍니다.

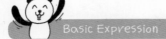

두 분이 서로 인사 나누셨습니까?

你们俩打过招呼了?

Nǐmen liǎ dǎ guò zhāohū le

니먼 리아 다 꾸어 자오후 러

제가 두 분을 소개하겠습니다.

我来介绍这两位。

Wǒ lái jièshào zhè liǎngwèi

워 라이 지에사오 저 리앙웨이

서로 인사하시지요.

你们互相认识一下吧。

Nǐmen hùxiāng rènshi yíxià ba

니먼 후시앙 런스 이시아 바

전에 한번 뵌 적이 있는 것 같습니다.

我们好像见过一面。

Wǒmen hǎoxiàng jiànguò yímiàn

워먼 하오시앙 지엔꾸어 이미엔

존함은 익히 들었습니다.

您的大名早有所闻。

Nín de dàmíng zǎo yǒu suǒwén

닌 더 따밍 짜오 여우 쑤어원

예전부터 뵙고 싶었습니다.

我早就想见见你。

Wǒ zǎojiù xiǎng jiànjiàn nǐ

워 짜오지우 시앙 지엔지엔 니

04 대화 다시듣기

A: 존함을 오래 전부터 들었습니다. 만나서 반갑습니다. □ □ □

B: 저도 뵙게 되어 기쁩니다.

학습일 / ☐

Unit 05

오랜만에 만났을 때

Mini Talk

A: 好久没见了。

Hǎojiǔ méi jiànle

하오지우 메이 지엔러

오랜만이네요.

B: 是啊，你还好吗?

Shì a, nǐ hái hǎo ma

스 아, 니 하이 하오 마

네, 잘 지냈어요?

Check Point!

오랜만에 아는 사람을 만났을 때 보통 好久不见了(Hǎojiǔbújiàn le)라고 합니다. 이어서 그 동안의 건강을 물을 때는 您身体好吗(Nín shēntǐ hǎo ma)?라고 하며 이때 好는 '건강'의 의미로 사용됩니다. 다른 사람의 안부를 물을 때는 你爱人好吗(Nǐ àirén hǎo ma/부인은 안녕하시져요)?처럼 안부를 묻는 대상 다음에 好吗?를 붙여주면 됩니다.

Basic Expression

오랜만입니다.

好久不见了。

Hǎojiǔ bújiàn le
하오지우 부지엔 러

오랜만이군요. 어떻게 지내세요?

好久不见，过得怎么样?

Hǎojiǔ bújiàn, guò de zěnmeyàng
하오지우 부지엔, 꾸어 더 쩐머양

안녕하세요. 다시 만나서 반갑습니다.

你好! 很高兴再次见到你。

Nǐ hǎo! Hěn gāoxìng zàicì jiàndào nǐ
니 하오! 헌 까오싱 짜이츠 지엔따오 니

몇 년 만이죠?

有几年没见了?

Yǒu jǐ nián méi jiàn le
여우 지 니엔 메이 지엔 러

여전하시군요.

你一点儿都没变啊。

Nǐ yìdiǎnr dōu méi biàn a
니 이디알 떠우 메이 삐엔 아

가족 모두 안녕하시지요?

你家里人都好吗?

Nǐ jiā li rén dōu haǒ ma
니 지아 리 런 떠우 하오 마

---

05 대화 다시듣기

□ □ □

A: 오랜만이네요.

B: 네, 잘 지냈어요?

학습일 / ☐

Unit
06 우연히 만났을 때

Mini Talk

A: 哟，这是谁啊!

Yō, zhè shì shéi a

요, 저 스 쉐이 아

아니, 이게 누구에요!

B: 呀! 是刘梅吧? 你怎么到这儿来了?

Yā! shì Líuméi ba? Nǐ zěnme dào zhèr lai le

야! 스 리우메이 바? 니 쩐머 따오 절 라이 러

어! 리우메이 맞죠?

어떻게 여기에 왔어요?

Check Point!

'당신을 만나 반갑습니다'라고 인사할 때 很高兴见到你(Hěn gāoxìng jiàn dào nǐ)라고 합니다. 계획하지 않았는데 우연히 만나게 됐을 때는 碰到(pèng dào) 혹은 遇到(yù dào)라고 합니다. 생각지도 못하게 사람을 만나 반갑게 인사할 때 真没想到在这儿遇到你(Zhēn méi xiǎng dào zài zhèr yù dào nǐ)라고 합니다.

Basic Expression

만나서 반가워요.

很高兴见到你。

Hěn gāoxìng jiàndào nǐ
헌 까오싱 지엔따오 니

아니, 이게 누구예요!

哟，这是谁呀!

Yō, zhè shì shéi a
요, 저 스 쉐이 아

세상 정말 좁군요.

这世界真是太小了。

Zhè shìjiè zhēnshì tài xiǎo le
저 스지에 전스 타이 샤오 러

여기서 만나다니 뜻밖이군요.

在这里碰到你，真是没想到。

Zài zhèli pèngdào nǐ, zhēnshì méi xiǎngdào
짜이 저리 펑따오 니, 전스 메이 시앙따오

다시 뵐 거라고는 정말 생각도 못했어요.

真没想到能再见面!

Zhēn méi xiǎngdào néng zài jiànmiàn
전 메이 시앙따오 넝 짜이 지엔미엔

그렇지 않아도 뵙고 싶었었는데.

我正好想找你呢。

Wǒ zhènghǎo xiǎng zhǎo nǐ ne
워 정하오 시앙 자오 니 너

---

06 대화 다시듣기

□ □ □

A: 아니, 이게 누구에요!

B: 어! 리우메이 맞죠? 어떻게 여기에 왔어요?

학습일 /

Unit

07 헤어질 때

Mini Talk

A: 很高兴今天认识你。

Hěn gāoxìng jīntiān rènshi nǐ

헌 까오싱 진티엔 런스 니

오늘 만나서 반가웠습니다.

B: 认识你我也很高兴。再见。

Rènshi nǐ wǒ yě hěn gāoxìng. zàijiàn

런스 니 워 예 헌 까오싱. 짜이지엔

뵙게 되어 저도 기쁩니다.

안녕히 가세요.

Check Point!

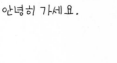

헤어질 때 가장 흔하게 쓰이는 인사말로는 再见(Zàijiàn)!가 있습니다. 매일 만나는 사람과 헤어질 때는 明天见(Míngtiān jiàn)!, 回头见(Huítóu jiàn)! 처럼 다시 만날 시간 뒤에 '만나다'라는 뜻의 동사 见을 붙입니다. 젊은 사람들은 拜拜(bàibai)라고 인사하기도 합니다. 집에 찾아온 손님을 전송할 때는 보통 慢走(Mànzǒu)!라고 합니다.

안녕히 계세요(가세요).

再见!

Zàijiàn

짜이지엔

내일 봐요.

明天见。

Míngtiān jiàn

밍티엔 지엔

이따 봐요!

回头见!

Huítóu jiàn

후이터우 지엔

그럼, 다음에 뵙겠습니다.

那么，下回见。

Nàme, xiàhuí jiàn

나머, 시아후이 지엔

나중에 또 만납시다!

后会有期!

Hòu huì yǒu qī

허우 후이 여우 치

잘 지내요!

保重!

Bǎozhòng

바오종

---

07 대화 다시듣기

A: 오늘 만나서 반가웠습니다.

B: 뵙게 되어 저도 기쁩니다. 안녕히 가세요.

☐ ☐ ☐

학습일 / □

Unit

08 떠나보낼 때

Mini Talk

A: 我真的要走了。

Wǒ zhēnde yào zǒu le

원 전더 야오 쩌우 러

정말 가야겠어요.

B: 好，祝你一路平安!

Hǎo, zhù nǐ yílùpíng'ān

하오, 주 니 이루핑안

네, 편안한 여행되시길 바랄게요.

Check Point!

떠나는 사람을 전송하는 것을 送(sòng)이라고 합니다. 전송 나온 사람에게 고마움을 전할 때 谢谢你来送(Xièxie nǐ lái sòng wǒ 전송해주셔서 고맙습니다)라고 합니다. 반면 방문했던 손님을 전송할 때는 慢走(Mànzǒu 살펴가세요)라고 많이 합니다. 路上小心点儿(Lù shàng xiǎoxīn diǎnr)이라고 하면 '조심해서 가세요' 정도의 의미가 됩니다.

조심해서 가세요.

慢走。
Màn zǒu
만 쩌우

몸 조심하세요.

请多多保重身体。
Qǐng duōduō bǎozhòng shēntǐ
칭 뚜어뚜어 바오종 선티

멀리 안 나갈게요.

我不送你了。
Wǒ bú sòng nǐ le
워 부 쏭 니 러

역까지 바래다 드릴게요.

我送你到车站吧。
Wǒ sòng nǐ dào chēzhàn ba
워 쏭 니 따오 처잔 바

성공을 빌겠습니다.

祝你成功。
Zhù nǐ chénggōng
주 니 청꽁

즐거운 여행이 되세요.

祝你旅游愉快!
Zhù nǐ lǚyóu yúkuài
주 니 뤼여우 위콰이

08 대화 다시 듣기

A: 정말 가야겠어요.

B: 네, 편안한 여행되시길 바랄게요.

학습일 / ☐

Unit 09 고마울 때

Mini Talk

A: 谢谢。

Xièxie

시에시에

고마워요.

B: 不客气。

Bú kèqi

부 커치

천만에요.

Check Point!

고마움을 표현할 때는 보통 谢谢(Xièxie)!라고 합니다. 친한 사이라면 多谢(Duōxiè)，谢谢你(Xièxie nǐ)라고 하고, 강조할 때는 非常感谢!(Fēicháng gǎnxiè 대단히 감사합니다)라고 합니다. 谢谢你来接我(Xièxie nǐ lái jiē wǒ 마중 나와서 고맙습니다)처럼 谢谢 다음에 감사한 이유를 덧붙이면 '~해서 고마워요'의 뜻을 전하는 표현이 됩니다.

감사합니다.

谢谢。

Xièxie
시에시에

당신 덕분이에요, 고맙습니다.

托你的福，谢谢。

Tuō nǐ de fú, xièxie
투어 니 더 푸, 시에시에

대단히 감사합니다.

非常感谢。

Fēicháng gǎnxiè
페이창 간시에

도와 주셔서 감사합니다.

谢谢你的帮助。

Xièxie nǐ de bāngzhù
시에시에 니 더 빵주

천만에요.

不客气。

bú kèqi
부 커치

별말씀을요.

哪里哪里。

Nǎli nǎli
나리 나리

---

09 대화 다시듣기

A: 고마워요.
B: 천만에요.

□ □ □

학습일 /

Unit

10 미안할 때

Mini Talk

A: 对不起，让你久等了。

Duìbuqǐ, ràng nǐ jiǔ děng le

뚜이부치, 랑 니 지우 덩 러

오래 기다리게 해서 미안합니다.

B: 没关系，我也刚到的。

Méi guānxi, wǒ yě gāng dào de

메이 꽌시, 워 예 깡 따오 더

괜찮아요,

저도 방금 왔어요.

Check Point!

상대방에게 실수하거나 잘못했을 때 우선 정중하게 사과를 하고 용서를 구하는 것이 도리입니다. 사과나 사죄를 할 때 对不起(Duìbuqǐ) 등의 표현 외에도 抱歉(Bàoqiàn), 过意不去(Guòyìbúqù), 不好意思(Bùhǎoyìsi) 등도 많이 쓰입니다. 또 양해를 구할 때는 구할 때는 请您原谅(Qǐng nín yuánliàng 양해해 주십시오)라고 합니다.

미안합니다.

对不起。

Duìbuqǐ
뚜이부치

정말 미안합니다.

真不好意思。

Zhēn bùhǎoyìsi
전 뿌하오이쓰

죄송합니다.

很抱歉。

Hěn bàoqiàn
헌 빠오치엔

용서해 주십시오.

请原谅我。

Qǐng yuánliàng wǒ
칭 위엔리앙 워

제가 잘못했습니다.

是我不对。

Shì wǒ búduì
쓰 워 부뚜이

괜찮습니다.

没关系。

Méi guānxi
메이 꽌시

---

10 대화 다시듣기

□ □ □

A: 오래 기다리게 해서 미안합니다.

B: 괜찮아요, 저도 방금 왔어요.

앞에서 배운 대화 내용입니다. 빈 칸을 채워보세요. 기억이 잘 안 난다고요? 녹음이 있잖아요. 녹음을 듣고 써보세요 . 정답은 각 유닛에서 확인하세요.

01 A: 你好, ______________________?
Nǐ hǎo, zuìjìn zěnmeyàng

B: 很好, 你呢?
Hěn hǎo, nǐ ne

안녕하세요, 요즘 어떠세요?
잘 지내요, 당신은요?

02 A: ______________________?
Shēntǐ hǎo le ma

B: 没事了。
Méishì le

건강은 좋아지셨어요?
괜찮습니다.

03 A: ______________________。
Wǒ xiān zìwǒjièshào yíxià

B: 好。
Hǎo

제 소개를 먼저 하겠습니다.
좋아요.

04 A: 久闻大名, ______________________。
Jiǔwén dàmíng, jiàndào nǐ hěn gāoxìng

B: 认识你我也很高兴。
Rènshi nǐ wǒ yě hěn gāoxìng

존함을 오래 전부터 들었습니다. 만나서 반갑습니다.
저도 뵙게 되어 기쁩니다.

05 A: ______________________。
Hǎojiǔ méi jiànle

B: 是啊, 你还好吗?
Shì a, nǐ hái hǎo ma

오랜만이네요.
네, 잘 지냈어요?

06 A: 哟，这是谁啊！
Yō, zhè shì shéi a

B: 呀！是刘梅吧？ ____________________？
Yā! shì Líuméi ba? Nǐ zěnme dào zhèr lai le

아니, 이게 누구에요!
어! 리우메이 맞죠? 어떻게 여기에 왔어요?

07 A: 很高兴今天认识你。
Hěn gāoxìng jīntiān rènshi nǐ

B: 认识你我也很高兴。 ________。
Rènshi nǐ wǒ yě hěn gāoxìng. zàijiàn

오늘 만나서 반가웠습니다.
뵙게 되어 저도 기쁩니다. 안녕히 가세요.

08 A: 我真的要走了。
Wǒ zhēnde yào zǒu le

B: 好， ____________________！
Hǎo, zhù nǐ yílùpíng'ān

정말 가야겠어요.
네, 편안한 여행되시길 바랄게요.

09 A: ________。
Xièxie

B: 不客气。
Bú kèqi

고마워요.
천만에요.

10 A: 对不起，让你久等了。
Duìbuqǐ, ràng nǐ jiǔ děng le

B: ________， 我也刚到的。
Méi guānxi, wǒ yě gāng dào de

오래 기다리게 해서 미안합니다.
괜찮아요, 저도 방금 왔어요.

EVERYDAY

Part 02

하루

중국어

학습일 / □

Unit 01

아침에 일어나서

Mini Talk

A: 您睡得好吗?

Nín shuì de hǎo ma

닌 수이 더 하오 마

안녕히 주무셨어요?

B: 好，你也睡得好吗?

Hǎo, nǐ yě shuì de hǎo ma

하오, 니 예 수이 더 하오 마

그래, 너도 잘 잤니?

Check Point!

중국의 가정도 우리와 크게 다를 바 없습니다. 아침에 일어나지 않고 꾸물거리는 가족의 잠을 깨울 때는 快起床(Kuài qǐchuáng)이라고 재촉하거나 该起床了(Gaī qǐchuángle)라고 하며 잠을 깨웁니다. 일어난 가족에게 잘 잤느냐고 물어볼 때는 睡得好吗(Shuì de hǎo ma)?라고 하며, 잠을 잘 잤을 때는 睡好了(Shuì hǎo le)라고 하면 됩니다.

Basic Expression

일어날 시간이야.

该起床了。

Gāi qǐchuáng le
까이 치추앙 러

어서 일어나라! 학교 가야지.

快起床! 该上学了。

Kuài qǐchuáng! Gāi shàngxué le
콰이 치추앙! 까이 상쉬에 러

좀 더 잘게요.

再睡会儿。

Zài shuì huìr
짜이 수이 후알

잘 잤어요?

睡得好吗?

Shuì de hǎo ma
수이 더 하오 마

잘 못 잤어요. 무서운 꿈을 꿨어요.

没睡好。做了一个恶梦。

Méi shuì hǎo. Zuò le yígè èmèng
메이 수이 하오. 쭈어 러 이꺼 어멍

잘 잤어요.

睡好了。

Shuì hǎo le
수이 하오 러

---

01 대화 다시듣기

□ □ □

A: 안녕히 주무셨어요?

B: 그래, 너도 잘 잤니?

학습일 /

Unit 02 아침 준비

Mini Talk

A: 要茶吗?
Yào chá ma
야오 차 마
차 드릴까요?

B: 好的。
Hǎo de
하오 더
네, 주세요.

Check Point!

중국인의 일상적인 아침준비도 우리와 다를 바 없습니다. 아침에 일어나면(早上起来 zǎoshang qǐlái) 먼저 이불을 개고(叠被子 dié bèizi) 간단하게 방정리를 마치면 세수를 하고(洗脸 xǐliǎn) 아침식사를 기다리면서 신문을 보거나(看报纸 kàn bàozhǐ) 텔레비전을 봅니다(看电视 kàn diànshì). 그 동안 엄마들은 아이들 등교준비와 남편의 출근준비로 바쁘기 마련입니다.

Basic Expression

화장실에 갈게요.

我上个厕所。

Wǒ shànggè cèsuǒ

워 상꺼 처쑤어

세수했니?

洗脸了吗?

Xǐliǎn le ma

시리엔 러 마

이를 닦아라.

去刷刷牙。

Qù shuāshua yá

취 수아수아 야

먼저 면도를 해야겠어.

我得先刮胡子。

Wǒ děi xiān guāhúzi

워 데이 시엔 꾸아후즈

머리를 빗었니?

梳头了吗?

Shū tóu le ma

수 터우 러 마

아침은 꼭 챙겨 먹어요.

一定吃早饭。

Yídìng chī zǎofàn

이띵 츠 짜오판

---

02 대화 다시듣기

A: 차 드릴까요?

B: 네, 주세요.

Unit 03

집을 나설 때

Mini Talk

A: 要去学校了。

Yāo qù xuéxiào le

야오 취 쉬에샤오 러

학교 다녀오겠습니다.

B: 路上小心，平安回来。

Lùshang xiǎoxīn, píng'ān huílái

루상 샤오신, 핑안 후이라이

차 조심하고, 잘 다녀와.

Check Point!

중국인의 아침식사는 대부분 집에서 차려먹지 않고 출근하기 전에 시장이나 가게에서 간단하게 아침을 사서 먹습니다. 아침식사를 위한 시장(早市 zǎoshì)이 열리기도 하며 회사 근처 길거리나 버스정류장 근처에 좌판이 열립니다. 가격도 저렴하며, 대표적인 좌판 음식으로는 죽(粥 zhōu), 전병(煎饼 jiānbing), 두유, 콩국(豆浆 dòujiāng), 꽈배기(油条 yóutiáo) 등이 있습니다.

Basic Expression

빨리 서둘러요, 늦겠어요.

快点弄，要晚了。

Kuàidiǎn nòng, yāo wǎn le

콰이디엔 농, 야오 완 러

벌써 8시잖아요. 얼른 출근하세요.

已经8点了，你赶快上班去吧。

Yǐjīng bādiǎn le, nǐ gǎnkuài shàngbān qù ba

이징 빠디엔 러, 니 간콰이 상빤 취 바

언니, 화장을 다 했어. 어때?

姐姐，妆化好了，怎么样?

Jiějie, zhuānghuà hǎo le, zěnmeyàng

지에지에, 주앙후아 하오 러, 쩐머양

오늘 우산 꼭 챙겨서 나가요.

今天一定要带雨伞出去啊。

Jīntiān yídìng yào dài yǔsǎn chūqù a

진티엔 이띵 야오 따이 위싼 추취 아

아차, 핸드폰 챙기는 걸 깜박했어요.

糟了，我忘带手机了。

Zāo le, wǒ wàng dài shǒujī le

짜오 러, 워 왕 따이 셔우지 러

다녀올게요.

我走了。

Wǒ zǒu le

워 쩌우 러

---

03 대화 다시 듣기

A: 학교 다녀오겠습니다. ☐ ☐ ☐

B: 차 조심하고, 잘 다녀와.

학습일 / ☐

Unit

04 집안 청소

Mini Talk

A: 今天我们来个大扫除吧。

Jīntiān wǒmen lái gè dàsǎochú ba

진티엔 워먼 라이 꺼 따싸오추 바

오늘 우리 대청소해요.

B: 好啊，正好天气也不错。

Hǎo a, zhènghǎo tiānqì yě búcuò

하오 아, 정하오 티엔치 예 부추어

좋아요,
마침 날씨도 좋네요.

Check Point!

중국은 땅이 넓어 무척 다양한 주거 형식이 있습니다. 각 지역의 기후적인 조건, 문화, 민족 등 여러 배경이 작용하면서 지역별로 고유한 주거 형식이 정착되었습니다. 특히 중국 주택문화는 대가족이 함께 살고 있는 집이 많습니다. 이처럼 가족에 대한 결속력이 대단하지만, 요즘은 산아제한으로 핵가족화 되어 우리와 비슷하게 아파트가 많이 늘어나고 있는 추세입니다.

방을 깨끗이 청소해라.

把屋子清扫干净。

Bă wūzi qīngsăo gānjìng

바 우즈 칭싸오 깐징

금방 치울게요.

我这就收拾。

Wŏ zhè jiù shōushi

워 저 지우 셔우스

오늘은 청소해야겠어.

今天得打扫卫生。

Jīntiān dĕi dăsăo wèishēng

진티엔 데이 다싸오 웨이성

청소를 도울게요.

我帮你打扫吧。

Wŏ bāng nĭ dăsăo ba

워 빵 니 다싸오 바

방 좀 치울 수 없니?

你就不能收拾一下房间吗?

Nĭ jiù bùnéng shōushí yīxià fángjiān ma

니 지우 뿌넝 셔우스 이시아 팡지엔 마

좀 거들어줘요!

请帮我个忙!

Qĭng bāng wŏ gè máng

칭 빵 워 꺼 망

04 대화 다시듣기

A: 오늘 우리 대청소해요.

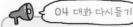

B: 좋아요, 마침 날씨도 좋네요.

학습일 / □

Unit

05 세탁

Mini Talk

A: 这件衬衫熨过吗?

Zhè jiàn chènshān yùn guò ma

저 지엔 천산 윈 꾸어 마

이 와이셔츠 다린 거예요?

B: 上个星期都熨好了。

Shànggè xīngqī dōu yùn hǎo le

상꺼 싱치 떠우 윈 하오 러

지난주에

다 다려 놓은 건데.

Check Point!

중국 아빠들은 혼자서 아이를 데려나가서 산책도 많이 하고, 더 많은 시간을 보내려고 합니다. 중국 아빠들은 한국 아빠들에 비해 가사노동에 투입하는 시간이 두배나 된다고 합니다. 이처럼 중국에서는 집안일을 하는 남성, 아이 돌보는 아빠가 특이한 일이 아닙니다. 중국인들은 어려서부터 부모가 함께 요리하고 설거지하는 등 집안일을 나눠 하는 것을 보면서 자라기 때문입니다.

이 옷 세탁해야겠어요.

衣服该洗了。

Yīfu gaī xǐ le

이푸 까이 시 러

이 옷은 손으로 빨아 주세요.

这件衣服用手洗吧。

Zhè jiàn yīfu yòng shǒu xì ba

저 지엔 이푸 용 셔우 시 바

이 스커트는 세탁기에 돌리면 안 돼요.

这件裙子不能用洗衣机洗。

Zhè jiàn qúnzi bùnéng yòng xǐyījī xǐ

저 지엔 췬쯔 뿌넝 용 시이지 시

양복은 반드시 드라이클리닝을 해야 해요.

西装一定要干洗。

Xīzhuāng yídìng yào gānxǐ

시주앙 이띵 야오 깐시

빨래가 다 말랐으니 개어 놓으세요.

衣服都干了，叠一下吧。

Yīfu dōu gān le, dié yíxià ba

이푸 떠우 깐 러, 디에 이시아 바

이 셔츠 좀 다려 주실래요?

熨一下这件衬衫好吗?

Yùn yíxià zhè jiàn chènshān hǎo ma

윈 이시아 저 지엔 천산 하오 마

05 대화 다시듣기

A: 이 와이셔츠 다린 거예요? □□□

B: 지난주에 다 다려 놓은 건데.

Unit 06 귀가

Mini Talk

A: 我回来了。

Wǒ huílái le

워 후이라이 러

다녀왔어요.

B: 回来啦!

Huílái la

후이라이 라

오서 오렴.

Check Point!

중국인은 직장에 따라 약간 차이는 있지만, 저녁 5시, 혹은 6시가 되면 대부분 칼같이 퇴근합니다. 그리고 저녁의 개인적인 모임에 가든지 귀가를 하든지 합니다. 귀가를 하는 남편이나 아이들은 집에 있는 사람에게 다녀왔다고 我回来了(Wǒ huílái le)라고 인사를 합니다. 그러면 집안에 있는 사람은 回来啦(Huílái la)라고 반갑게 맞이합니다.

Basic Expression

엄마, 다녀왔습니다!

妈妈，我回来啦!

Māma, wǒ huílái la

마마, 워 후이라이 라

오늘 너무 피곤해요!

今天非常累!

Jīntiān fēicháng lèi

진티엔 페이창 레이

목욕하거라.

去洗澡吧!

Qù xǐzǎo ba

취 시짜오 바

오늘 뭐 맛있는 거 있어요?

今天有什么好吃的?

Jīntiān yǒu shénme hǎochī de

진티엔 여우 선머 하오츠 더

손 씻어라.

洗洗手。

Xǐxi shǒu

시시 셔우

숙제는 없니?

没有作业吗?

Méiyǒu zuòyè ma

메이여우 쭈어예 마

---

06 대화 다시 듣기

□ □ □

A: 다녀왔어요.

B: 오서 오렴.

학습일 / □

Unit

07 요리를 할 때

Mini Talk

A: 今天晚上做炸酱面吧。

Jīntiān wǎnshang zuò zhájiàngmiàn ba

진티엔 완상 쭈어 자지앙미엔 바

오늘 저녁은 자장면을 만들어요.

B: 好啊，那要买猪肉吧。

Hǎo a, nà yào mǎi zhūròu ba

하오 아, 나 야오 마이 주러우 바

좋아, 그럼 돼지고기를
사와야겠네.

Check Point!

중국 네티즌들은 집안일을 잘하고, 요리를 잘하는 다정한 남자를 '누안난(暖男 nuǎnnán 가정적이고 자상한 남자라는 뜻)'이라고 부릅니다. 중국의 누안난은 외모와 성품 뿐 아니라 집안일에도 능숙해야 하니 우리보다 조건이 까다롭습니다. 또한 중국은 유교문화가 거의 사라졌습니다. 남편 시부모 공경, 이런 얘기는 꺼내지도 못합니다. 미국처럼 어른들과도 자연스럽게 친구가 됩니다.

Basic Expression

양파 껍질 좀 벗겨 주세요.

剥一下洋葱皮。

Bāo yíxià yángcōng pí

빠오 이시아 양총 피

이 야채 좀 씻어 주세요.

洗洗这些蔬菜。

Xǐxi zhèxiē shūcài

시시 저씨에 수차이

이 고기를 다져 주세요.

把这个肉剁一下吧。

Bǎ zhège ròu duò yíxià ba

바 저거 러우 뚜어 이시아 바

오늘은 무슨 요리를 하지?

今天做什么料理?

Jīntiān zuò shénme liàolǐ

진티엔 쭈어 선머 랴오리

너무 오래 데치지 마세요.

别焯太久。

Bié chāo tài jiǔ

비에 차오 타이 지우

생선찌개를 끓여 주세요.

给我做鲜鱼汤。

Gěi wǒ zuò xiānyú tāng

게이 워 쭈어 시엔위 탕

---

07 대화 다시듣기

☐ ☐ ☐

A: 오늘 저녁은 자장면을 만들어요.

B: 좋아, 그럼 돼지고기를 사와야겠네.

Unit

08 저녁식사

Mini Talk

A: 饭做好了吗?

Fàn zuò hǎo le ma

판 쭈어 하오 러 마

밥 다 됐어요?

B: 还没做好呢。

Hái méi zuò hǎo ne

하이 메이 쭈어 하오 너

아직 안 됐어.

Check Point!

중국인의 저녁은 웬만한 한국인의 잔칫날이라고 보면 됩니다. 상다리가 휘어질 정도로 풍성하게 주문합니다. 음식을 담은 그릇이 식탁에 놓을 자리가 없으면 그릇위에 그릇을 포개어 놓습니다. 손님이 먹든 안 먹든 상관하지 않습니다. 그릇에 음식이 있든 없든 상관하지 않습니다. 풍성하다 못해 낭비라는 생각이 들 정도로 중국인의 저녁식단은 넘쳐납니다.

Basic Expression

배고파요.

我饿了。

Wǒ è le

워 어 러

간식 있어요?

有点心吗?

Yǒu diǎnxin ma

여우 디엔신 마

밥 먹어라.

吃饭啦!

Chīfàn lā

츠판 라

더 주세요.

再盛一碗。

Zài chéng yìwǎn

짜이 청 이완

많이 먹었니?

吃好了吗?

Chī hǎo le ma

츠 하오 러 마

잘 먹었어요.

吃好了。

Chī hǎo le

츠 하오 러

---

08 대화 다시듣기

A: 밥 다 됐어요?

B: 아직 안 됐어.

□ □ □

Unit 09 저녁에 잘 때

Mini Talk

A: 我太困了，想睡了。

Wǒ tài kùn le, xiǎng shuì le

워 타이 쿤 러, 시앙 수이 러

전 너무 졸려서 이제 자고 싶어요.

B: 早点儿睡吧。

Zǎo diǎnr shuì ba

짜오 디알 수이 바

일찍 자거라.

Check Point!

저녁에 귀가하면 먼저 간단하게 샤워나 목욕을 하면서 하루의 피로를 풀어 줍니다. 그리고 나서 저녁식사를 마치면 게임을 하거나 가족 모두가 거실에 앉아서 텔레비전을 보면서 하루일과를 마무리합니다. 아이들을 각자 방에서 숙제를 하거나 공부를 합니다. 잠자리에 들기 전에 나누는 인사로는 우리말의 '안녕히 주무세요'에 해당하는 晚安(wǎn'ān)이 있습니다.

샤워를 했더니 온몸이 개운해요.

洗完淋浴浑身舒服。

Xǐ wán ínyù húnshēn shūfu

시 완 인위 훈선 수푸

무슨 먹을 것 있어요?

有什么吃的东西?

Yǒu shénme chī de dōngxi

여우 선머 츠 더 똥시

너, 여지껏 텔레비전을 보고 있었니?

你现在正在看电视吗?

Nǐ xiànzài zhèngzài kàn diànshì ma

니 시엔짜이 정짜이 칸 띠엔스 마

자, 얘들아, 잠잘 시간이다.

快，孩子们，该睡觉了。

Kuài, háizǐmen, gaī shuìjiào le

콰이, 하이쯔먼, 까이 수이쟈오 러

알람은 맞춰놓았니?

上闹表了吗?

Shàng nàobiǎo le ma

상 나오뱌오 러 마

엄마, 안녕히 주무세요.

妈妈，晚安。

Māma, wǎn'ān

마마, 완안

---

09 대화 다시듣기

A: 전 너무 졸려서 이제 자고 싶어요. ☐ ☐ ☐

B: 일찍 자거라.

학습일 /

Unit

10 휴일

Mini Talk

A: 我们去散散步吧!

Wǒmen qù sànsanbù ba

워먼 취 싼싼뿌 바

우리 산책이나 갑시다!

B: 行。

Xíng

싱

좋아요.

Check Point!

중국인도 우리와 마찬가지로 주말 휴일에는 근처의 공원이나 관광지에 놀러가기도 하며, 다양한 취미생활을 즐기기도 합니다. 또한 가족단위로 할인점이나 대형 슈퍼마켓에 가서 쇼핑을 즐깁니다. 중국인들은 휴일 동안 직장일에 가장 무관심하며 직장인들이 사무실을 떠난 후 일에 대한 스트레스를 별로 받지 않기 때문에 느긋하게 휴일을 보낼 수 있답니다.

오늘은 무엇을 할래요?

今天你干什么?

Jīntiān nǐ gān shénme
진티엔 니 깐 선머

오늘은 집에 있어요, 아니면 밖에 나가요?

今天在家还是出去?

Jīntiān zài jiā háishi chūqù
진티엔 짜이 지아 하이스 추취

어디로 놀러 가고 싶어요!

去哪儿玩儿玩儿吧!

Qù nǎr wánrwánr ba
취 날 왈왈 바

햇빛이 이렇게 좋으니 산책이나 나갑시다.

太阳这么好, 出去散散步吧。

Tàiyáng zhème hǎo, chūqù sànsanbù ba
타이양 저머 하오, 추취 싼싼뿌 바

오늘은 아무 데도 안 나가요.

今天哪儿也不去。

Jīntiān nǎr yě búqù
진티엔 날 예 부취

시내에 나가서 물건 좀 사려고 해요.

上街买点儿东西。

Shàngjiē mǎi diǎnr dōngxi
상지에 마이 디알 똥시

---

10 대화 다시듣기

A: 우리 산책이나 갑시다!
B: 좋아요.

☐ ☐ ☐

앞에서 배운 대화 내용입니다. 빈 칸을 채워보세요. 기억이 잘 안 난다고요? 녹음이 있잖아요. 녹음을 듣고 써보세요 . 정답은 각 유닛에서 확인하세요.

01 A: 您睡得好吗?
Nín shuì de hǎo ma

B: 好, ______________________?
Hǎo, nǐ yě shuì de hǎo ma

안녕히 주무셨어요?
그래, 너도 잘 잤니?

02 A: ______________________?
Yào chá ma

B: 好的。
Hǎo de

차 드릴까요?
네, 주세요.

03 A: ______________________。
Yāo qù xuéxiào le

B: 路上小心, 平安回来。
Lùshang xiǎoxīn, píng'ān huílái

학교 다녀오겠습니다.
차 조심하고, 잘 다녀와.

04 A: ______________________________________。
Jīntiān wǒmen lái gè dàsǎochú ba

B: 好啊, 正好天气也不错。
Hǎo a, zhènghǎo tiānqì yě búcuò

오늘 우리 대청소해요.
좋아요, 마침 날씨도 좋네요.

05 A: ______________________________?
Zhè jiàn chènshān yùn guò ma

B: 上个星期都熨好了。
Shànggè xīngqī dōu yùn hǎo le

이 와이셔츠 다린 거예요?
지난주에 다 다려 놓은 건데.

06 A: ____________________。
Wǒ huílái le

B: 回来啦!
Huílái la

다녀왔어요.
오서 오렴.

07 A: ____。
Jīntiān wǎnshang zuò zhájiàngmiàn ba

B: 好啊，那要买猪肉吧。
Hǎo a, nà yào mǎi zhūròu ba

오늘 저녁은 자장면을 만들어요.
좋아, 그럼 돼지고기를 사와야겠네.

08 A: __________________________?
Fàn zuò hǎo le ma

B: 还没做好呢。
Hái méi zuò hǎo ne

밥 다 됐어요?
아직 안 됐어.

09 A: 我太困了，想睡了。
Wǒ tài kùn le, xiǎng shuì le

B: __________________________。
Zǎo diǎnr shuì ba

전 너무 졸려서 이제 자고 싶어요.
일찍 자거라.

10 A: ________________________________!
Wǒmen qù sànsanbù ba

B: 行。
Xíng

우리 산책이나 갑시다!
좋아요.

EVERYDAY

Part 03

학교

중국어

Unit

01 출신학교와 전공

Mini Talk

A: 你在哪个大学念书?

Nǐ zài nǎge dàxué niànshū

니 짜이 나거 따쉬에 니엔수

어느 대학교에 다니세요?

B: 我在北京大学念书。

Wǒ zài Běijīngdàxué niànshū

워 짜이 베이징따쉬에 니엔수

북경대학교에 다닙니다.

Check Point!

우리는 대학을 들어가기도 어려울 뿐만 아니라 취업경쟁으로 인해 대학생활도 매우 어려운 환경에 놓여 있습니다. 어느 학교에 다니는지 물을 때는 你在哪个学校念书(Nǐ zài nǎge xuéxiào niànshū)?라고 하며, 만약 상대가 대학생이라면 전공이 무엇인지를 묻고 싶을 때는 你是哪个专业的(Nǐ shì nǎge zhuānyè de)?라고 하면 됩니다.

Basic Expression

어느 학교에 다니세요?

你在哪个学校念书?

Nǐ zài nǎge xuéxiào niànshū
니 짜이 나거 쉬에샤오 니엔수

저는 대학원에 다녀요.

我在研究所念书。

Wǒ zài yánjiūsuǒ niànshū
워 짜이 이엔지우쑤어 니엔수

무얼 전공하십니까?

你是哪个专业的?

Nǐ shì nǎge zhuānyè de
니 스 나거 주안예 더

교육학을 전공하고 있습니다.

我专攻教育学呢。

Wǒ zhuāngōng jiàoyùxué ne
워 주안꽁 쟈오위쉬에 너

어떤 학위를 가지고 계십니까?

请问你有什么学位?

Qǐngwèn nǐ yǒu shénme xuéwèi
칭원 니 여우 선머 쉬에웨이

몇 년도에 졸업하셨어요?

你哪年毕业的?

Nǐ nǎnián bìyè de
니 나니엔 삐예·더

---

01 대화 다시듣기

A: 어느 대학교에 다니세요? □ □ □

B: 북경대학교에 다닙니다.

Unit 02

학교와 학년

Mini Talk

A: 你几年级?

Nǐ jǐ niánjí

니 지 니엔지

몇 학년이세요?

B: 我是大学三年级的。

Wǒ shì dàxué sān niánjí de

워 스 따쉬에 싼 니엔지 더

대학교 3학년입니다.

Check Point!

유아원(幼儿园 yòu'éryuán)은 3세 이상의 취학 연령 전의 아동을 모집하며 만 6세에 초등학교(小学 xiǎoxué)에 입학합니다. 초등학교(小学)와 중학교(初中 chūzhōng)의 학제는 6, 3제와 5, 4제를 위주로 합니다. 고등학교(高中 gāozhōng)의 학제는 3년이며, 대학의 본과 학제는 일반적으로 4년이고 일부 이공대학은 5년이며, 의과대학은 5년과 7년 두 종류의 학제가 있습니다.

당신은 학교에 다니죠?

你是上学的吗?

Nǐ shì shàngxué de ma

니 스 상쉬에 더 마

당신은 학생이죠?

你是学生吧?

Nǐ shì xuéshēng ba

니 스 쉬에성 바

당신은 대학생이세요?

你是大学生吗?

Nǐ shì dàxuéshēng ma

니 스 따쉬에성 마

저는 대학생입니다.

我是大学生。

Wǒ shì dàxuéshēng

워 스 따쉬에성

몇 학년이세요?

几年级了?

Jǐ niánjí le

지 니엔지 러

아들은 초등학생입니다.

我儿子是小学生。

Wǒ érzi shì xiǎoxuéshēng

워 얼즈 스 샤오쉬에성

---

02 대화 다시듣기

A: 몇 학년이세요?

B: 대학교 3학년입니다.

□ □ □

Unit 03 학교생활

Mini Talk

A: 听说你去留学，是真的吗?

Tīngshuō nǐ qù liúxué, shì zhēn de ma

팅수어 니 취 리우쉬에, 스 전 더 마

유학 간다는 게 정말이니?

B: 是啊，幸亏拿到了奖学金。

Shì a, xìngkuī nádào le jiǎngxuéjīn

스 아, 싱쿠이 나따오 러 지앙쉬에진

응, 다행히
장학금을 받게 되었어.

Tip

Check Point!

중국 대학의 수업은 우리와 비슷한 수업 체계로 구성되어 있어 크게 자신이 선택한 전공수업과 교양수업으로 나뉘어져 있습니다. 대부분의 대학들은 자체에서 학생들을 위해 노래경연, 패션쇼, 연말행사 등 다양한 활동을 진행하고 있습니다. 뷔페식 학식은 중국 대학에서만 볼 수 있는 것으로 매일매일 골라먹는 재미가 있으며, 캠퍼스가 거대하여 전동오토바이나 자전거가 필수입니다.

Basic Expression

이 대학의 1년 학비는 얼마입니까?

这所大学一年的学费是多少?

Zhè suǒ dàxué yìnián de xuéfèi shì duōshǎo

저 쑤어 따쉬에 이니엔 더 쉬에페이 스 뚜어사오

아르바이트를 하고 있나요?

你正在打工吗?

Nǐ zhèngzài dǎgōng ma

니 정짜이 다꽁 마

저는 아르바이트를 하면서 공부하고 있어요.

我是一边打工一边读书的。

Wǒ shì yìbiān dǎgōng yìbiān dúshū de

워 스 이삐엔 다꽁 이삐엔 두수 더

어떤 동아리 활동을 하고 있니?

你加入什么团体活动?

Nǐ jiārù shénme tuántǐ huódòng

니 지아루 선머 투안티 후어똥

장학금 신청했니?

申请奖学金了吗?

Shēnqǐng jiǎngxuéjīn le ma

선칭 지앙쉬에진 러 마

너 논문 다 썼니?

你的论文写完了吗?

Nǐ de lùnwén xiě wán le ma

니 더 룬원 시에 완 러 마

---

03 대화 다시듣기

A: 유학 간다는 게 정말이니?

B: 응, 다행히 장학금을 받게 되었어.

□ □ □

학습일 / □

Unit 04

수강신청과 학점

Mini Talk

A: 这个学期申请了几学分?

Zhège xuéqī shēnqǐng le jǐ xuéfēn

저거 쉬에치 선칭 러 지 쉬에펀

이번 학기에 몇 학점 신청했니?

B: 我听18个学分。

Wǒ tīng shíbā gè xuéfēn

워 팅 스빠 꺼 쉬에펀

나는 18학점 들어.

Check Point!

중국의 교육과정은 앞서 언급한 대로 우리나라와 비슷하면서도 약간 다릅니다. 중국의 의무교육은 9년으로 중학교까지 의무교육에 해당합니다. 고등학교로 진학하기 위해서는 中考(zhōngkǎo)라고 불리는 고교입학시험을 치뤄야 합니다. 중학교를 초급중학교, 고등학교를 고급중학교로 분류하기 때문에 고교입학시험을 中考라고 부릅니다.

Basic Expression

너 수강 신청 다 했어?

你选课申请都完成了吗?

Nǐ xuǎnkè shēnqǐng dōu wánchéng le ma

니 쉬엔커 선칭 떠우 완청 러 마

수강신청 마감일이 언제입니까?

选课申请截止到什么时候?

Xuǎnkè shēnqǐng jiézhǐ dào shénmeshíhou

쉬엔커 선칭 지에즈 따오 선머스허우

언제까지 수강신청을 변경할 수 있습니까?

到什么时候可以更换课程?

Dào shénmeshíhou kěyǐ gēnghuàn kèchéng

따오 선머스허우 커이 껑후안 커청

너 학점은 충분하니?

你的学分够了吗?

Nǐ de xuéfēn gòu le ma

니 더 쉬에펀 꺼우 러 마

너 학점은 어떻게 나왔어?

你的学分是多少?

Nǐ de xuéfēn shì duōshǎo

니 더 쉬에펀 스 뚜어사오

너는 올해 몇 학점 땄니?

你今年拿到几个学分?

Nǐ jīnnián nádào jǐgè xuéfēn

니 진니엔 나따오 지꺼 쉬에펀

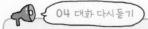

---

04 대화 다시듣기

A: 이번 학기에 몇 학점 신청했니?

B: 나는 18학점 들어.

☐ ☐ ☐

학습일 /

Unit
05 수업

Mini Talk

A: 你几点下课?

Nǐ jǐdiǎn xiàkè

니 지디엔 시아커

몇 시에 수업이 끝나요?

B: 下午四点下课。

Xiàwǔ sìdiǎn xiàkè

시아우 쓰디엔 시아커

오후 4시에

수업이 끝나요.

Tip

Check Point!

수업시간도 우리와 크게 다르지 않습니다. 수업시간이 되어 기다리면 선생님이 오셔서 출석을 확인니다. 출석점검이 끝나면 수업이 시작됨을 알리고 본격적으로 수업이 진행되죠. 수업중에 선생님께 질문할 때는 손을 들어 老师，我有一个问题(ǎoshī, wǒ yǒu yíge wèntí)라고 말합니다. 수업을 마칠 때는 今天讲到这儿(Jīntiān jiǎng dào zhèr)이라고 합니다.

Basic Expression

수업이 곧 시작됩니다.

快开始上课了。

Kuài kāishǐ shàngkè le

콰이 카이스 상커 러

질문 있으면 하세요.

有什么问题，就说吧。

Yǒu shénme wèntí, jiù shuō ba

여우 선머 원티, 지우 수어 바

선생님, 질문 있습니다.

老师，我有一个问题。

Lǎoshī, wǒ yǒu yíge wèntí

라오스, 워 여우 이거 원티

수업할 때 옆 사람과 말하지 마세요.

上课时，不要跟别人说话。

Shàngkè shí, búyaò gēn biérén shuōhuà

상커 스, 부야오 껀 비에런 수어후아

오늘 수업은 여기까지예요.

今天讲到这儿。

Jīntiān jiǎng dào zhèr

진티엔 지앙 따오 절

이 수업은 너무 어려워 재미가 없어요.

这个课太难，没意思。

Zhège kè tài nán, méiyìsī

저거 커 타이 난, 메이이쓰

---

05 대화 다시듣기

□□□

A: 몇 시에 수업이 끝나요?

B: 오후 4시에 수업이 끝나요.

Unit 06 중국어

Mini Talk

A: 你学汉语学多久了?

Nǐ xué Hànyǔ xué duōjiǔ le

니 쉬에 한위 쉬에 뚜어지우 러

중국어를 얼마 동안이나 배우셨어요?

B: 我学汉语学四年了。

Wǒ xué Hànyǔ xué sìnián le

워 쉬에 한위 쉬에 쓰니엔 러

저는 중국어를 4년 배웠어요.

Check Point!

HSK는 중국어능력시험으로 중국어가 모국어가 아닌 사람을 대상으로 실시하는 가장 권위 있는 시험으로 중국유학이나 입사에 필요한 시험입니다. HSK 필기시험은 청취, 독해, 작문 3영역으로 나뉘고 각 부분의 문항수와 시간은 급수마다 다릅니다. 구술시험은 듣고 말하기와 읽고 말하기가 원칙이며, 초급 200개, 중국 약 900개, 고급 약 3000개의 어휘 사용이 요구됩니다.

Basic Expression

중국어를 얼마 동안이나 배우셨어요?

你学汉语学多久了?

Nǐ xué Hànyǔ xué duōjiǔ le
니 쉬에 한위 쉬에 뚜어지우 러

중국어가 어렵나요?

汉语难吗?

Hànyǔ nán ma
한위 난 마

중국어는 한국어보다 훨씬 어려워요.

汉语比韩国话难得多。

Hànyǔ bǐ Hánguóhuà nán dé duō
한위 비 한구어후아 난 더 뚜어

중국어를 잘 하시네요.

你说汉语说得很好。

Nǐ shuō Hànyǔ shuō dé hěn hǎo
니 수어 한위 수어 더 헌 하오

당신의 중국어 수준은 날이 갈수록 좋아지네요.

你的汉语水平，一天比一天好。

Nǐ de Hànyǔ shuǐpíng, yìtiān bǐ yìtiān hǎo
니 더 한위 수이핑, 이티엔 비 이티엔 하오

요즘 중국어 공부하는 것이 어때요?

最近学习汉语怎么样?

Zuìjìn xuéxí Hànyǔ zěnmeyàng
쭈이진 쉬에시 한위 쩐머양

---

06 대화 다시듣기

A: 중국어를 얼마 동안이나 배우셨어요? □ □ □

B: 저는 중국어를 4년 배웠어요.

학습일 / □

Unit

07 시험

Mini Talk

A: 考试结果怎么样?

Kǎoshì jiéguǒ zěnmeyàng

카오스 지에구어 쩐머양

시험 결과는 어때?

B: 得了100分，太高兴了。

Dé le bǎifēn, tài gāoxìng le

더 러 바이펀, 타이 까오싱 러

100점 받았어. 너무 기뻐.

Check Point!

우리나라 수능처럼 중국에도 대학입시제도인 高考(gāokǎo)가 있습니다. 우리처럼 수시제도가 없어 高考에만 집중하기 때문에 세계에서 가장 치열한 시험이라고 불리며 응시자만 천 만명이 넘는다고 합니다. 高考는 이틀 동안 진행되며 공통과목인 언어와 수학, 외국어는 모든 학생이 시험을 보고, 문과는 정치, 역사, 지리 중 2과목을 선택, 이과는 물리, 화학, 생물 중 2과목을 선택합니다.

Basic Expression

언제부터 시험이죠?

什么时候开始考试?

Shénmeshíhòu kāishǐ kǎoshì

선머스허우 카이스 카오스

곧 기말고사가 있어요.

快到期末考试了。

Kuài dào qīmòkǎoshì le

콰이 따오 치모어카오스 러

이제 공부를 좀 해야 할 것 같아요.

我该做一做功课了。

Wǒ gaī zuò yízuò gōngkè le

워 까이 쭈어 이쭈어 꽁커 러

공부 다 했니?

都复习好了吗?

Dōu fùxí hǎo le ma

떠우 푸시 하오 러 마

시험 잘 봤니?

考得好吗?

Kǎo de hǎo ma

카오 더 하오 마

시험 결과는 어떻게 되었어?

考试结果怎么样了?

Kǎoshì jiéguǒ zěnmeyàng le

카오스 지에구어 쩐머양 러

07 대화 다시듣기

A: 시험 결과는 어때?

B: 100점 받았어. 너무 기뻐.

학습일 / □

Unit

08 성적

Mini Talk

A: 这个学期的成绩怎么样?

Zhège xuéqī de chéngjì zěnmeyàng

저거 쉬에치 더 청지 쩐머양

이번 학기 성적은 어때?

B: 比想象的差多了。

Bǐ xiǎngxiàng de chà duō le

비 시앙시앙 더 차 뚜어 러

예상보다 훨씬 못해.

Check Point!

HSK 시험 방식은 기존의 지필 시험과 컴퓨터를 사용하는 IBT시험의 두 가지가 있습니다. 시험의 용도는 중국과 한국의 대학 및 대학원 입학 · 졸업시 평가 기준, 중국정부 장학생 선발 기준, 한국의 특목고 입학시 평가 기준, 교양 중국어 학력평가 기준, 각 업체 및 기관의 채용이나 승진을 위한 기준 등으로 활용되며 성적의 유효기간은 시험일로부터 2년입니다.

Basic Expression

공부 잘 해요?

学习成绩好吗?

Xuéxí chéngjì hǎo ma

쉬에시 청지 하오 마

성적이 올랐어요.

成绩上去了。

Chéngjì shàngqù le

청지 상취 러

영어 성적은 어땠어?

英语成绩怎么样?

Yīngyǔ chéngjì zěnmeyàng

잉위 청지 쩐머양

그는 중국어 성적이 특히 좋아요.

他的汉语成绩特别好。

Tā de Hànyǔ chéngjì tèbié hǎo

타 더 한위 청지 터비에 하오

그녀는 학교에서 성적이 제일 좋아요.

她在学校里成绩最好。

Tā zài xuéxiào lǐ chéngjì zuì hǎo

타 짜이 쉬에샤오 리 청지 쭈이 하오

그는 우리반에서 성적이 꼴찌였어요.

他在我们班成绩最差。

Tā zài wǒmen bān chéngjì zuì chà

타 짜이 워먼 빤 청지 쭈이 차

---

08 대화 다시듣기

A: 이번 학기 성적은 어때?

B: 예상보다 훨씬 못해.

학습일 /

Unit

09 도서관

Mini Talk

A: 一次能借几本书?

Yícì néng jiè jǐ běnshū

이츠 넝 지에 지 번수

한 번에 몇 권까지 빌릴 수 있습니까?

B: 可以借3本，两周内要退还。

Kěyǐ jiè sān běn, liǎngzhōu nèi yào tuìhuán

커이 지에 싼 번,

리앙저우 네이 야오 투이후안

3권 빌릴 수 있습니다.

2주 안에 반납해야 합니다.

Check Point!

중국의 대학들도 시험기간 뿐만 아니라 평소에도 도서관 자리 잡기 경쟁이 치열합니다. 대학생들이 이처럼 공부에 목을 맨 이유는 중국에선 대학원에 입학해 석사학위를 받으려는 학생들이 계속 증가하고 있기 때문입니다. 중국도 우리나라와 같이 대학진학률이 높아지자 학사 학위만으로는 취업이 힘들어졌고 결국 더 좋은 직업을 갖기 위해 석사 학위에 도전하고 있는 것입니다.

이 책 세 권을 빌리고 싶은데요.

我想借这3本书。

Wǒ xiǎng jiè zhè sānběn shū

워 시앙 지에 저 싼번 수

대출증을 보여 주세요.

给我看一下借阅证。

Gěi wǒ kàn yíxià jièyuèzhèng

게이 워 칸 이시아 지에위에정

대출기간은 며칠입니까?

借书期限是几天?

Jièshū qīxiàn shì jǐtiān

지에수 치시엔 스 지티엔

연장 대출이 가능합니까?

可以续借吗?

Kěyǐ xùjiè ma

커이 쉬지에 마

열람실에서는 휴대폰을 사용할 수 없습니다.

在阅览室不能使用手机。

Zài yuèlǎnshì bùnéng shǐyòng shǒujī

짜이 위에란스 뿌넝 스용 셔우지

복사기를 쓸 수 있습니까?

我可以使用复印机吗?

Wǒ kěyǐ shǐyòng fùyìnjī ma

워 커이 스용 푸인지 마

---

09 대화 다시듣기

A: 한 번에 몇 권까지 빌릴 수 있습니까? □ □ □

B: 3권 빌릴 수 있습니다. 2주 안에 반납해야 합니다.

학습일 /

Unit

10 기숙사

Mini Talk

A: 这所学校有宿舍吗?

Zhè suǒ xuéxiào yǒu sùshè ma

저 쑤어 쉬예샤오 여우 쑤서 마

이 학교는 기숙사가 있습니까?

B: 有专门为留学生准备的宿舍。

Yǒu zhuānmén wèi liúxuéshēng zhǔnbèi de sùshè

여우 주안먼 웨이 리우쉬에셩

준뻬이 더 쑤서

유학생 전용 기숙사가

준비되어 있습니다.

Check Point!

중국은 중고등학교나 대학교에 다니는 학생들이 대부분 기숙사(宿舍 sùshè)에서 생활하고 주중에는 학교에서 생활하고 주말에 집에 돌아갑니다. 보통 8명이 함께 생활하는 기숙사 안은 2층 침대와 책상만으로 비좁아 창문 밖으로 빨래를 널어놓은 풍경을 볼 수 있습니다. 유학생 기숙사는 환경이 좋은 편이지만 학교의 허가를 받아 외부에서 거주하는 학생들도 많습니다.

Basic Expression

유학생 기숙사가 있습니까?

有留学生宿舍吗?

Yǒu liúxuéshēng sùshè ma

여우 리우쉬에성 쑤서 마

기숙사 안에 학생식당이 있습니까?

宿舍区内有学生食堂吗?

Sùshè qūnèi yǒu xuéshēng shítáng ma

쑤서 취네이 여우 쉬에성 스탕 마

기숙사 생활은 어때요?

宿舍生活怎么样?

Sùshè shēnghuó zěnmeyàng

쑤서 성후어 쩐머양

나는 룸메이트와 사이가 좋아요.

我和同屋关系很好。

Wǒ hé tóngwū guānxi hěn hǎo

워 허 통우 꽌시 헌 하오

방학기간에도 기숙사에 머물 수 있습니까?

放假期间，可以留在宿舍吗?

Fàngjià qījiān, kěyǐ liúzài sùshè ma

팡지아 치지엔, 커이 리우짜이 쑤서 마

외부인 출입을 허용합니까?

允许外人出入吗?

Yǔnxǔ wàirén chūrù ma

윈쉬 와이런 추루 마

10 대화 다시듣기

A: 이 학교는 기숙사가 있습니까? □ □ □

B: 유학생 전용 기숙사가 준비되어 있습니다.

앞에서 배운 대화 내용입니다. 빈 칸을 채워보세요. 기억이 잘 안 난다고요?
녹음이 있잖아요. 녹음을 듣고 써보세요 . 정답은 각 유닛에서 확인하세요.

01 A: ______________________________?
Nǐ zài nǎge dàxué niànshū

B: 我在北京大学念书。
Wǒ zài Běijīngdàxué niànshū

어느 대학교에 다니세요?
북경대학교에 다닙니다.

02 A: ________________?
Nǐ jǐ niánjí

B: 我是大学三年级的。
Wǒ shì dàxué sān niánjí de

몇 학년이세요?
대학교 3학년입니다.

03 A: 听说你去留学，是真的吗?
Tīngshuō nǐ qù liúxué, shì zhēn de ma

B: 是啊，______________________________。
Shì a, xìngkuī nádào le jiǎngxuéjīn

유학 간다는 게 정말이니?
응, 다행히 장학금을 받게 되었어.

04 A: ____________________________________?
Zhège xuéqī shēnqǐng le jǐ xuéfēn

B: 我听18个学分。
Wǒ tīng shíbā gè xuéfēn

이번 학기에 몇 학점 신청했니?
나는 18학점 들어.

05 A: ______________________?
Nǐ jǐdiǎn xiàkè

B: 下午四点下课。
Xiàwǔ sìdiǎn xiàkè

몇 시에 수업이 끝나요?
오후 4시에 수업이 끝나요.

06 A: 你学汉语学多久了?
Nǐ xué Hànyǔ xué duōjiǔ le

B: ______________________________。
Wǒ xué Hànyǔ xué sìnián le

중국어를 얼마 동안이나 배우셨어요?
저는 중국어를 4년 배웠어요.

07 A: ______________________________?
Kǎoshì jiéguǒ zěnmeyàng

B: 得了100分，太高兴了。
Dé le bǎifēn, tài gāoxìng le

시험 결과는 어때?
100점 받았어. 너무 기뻐.

08 A: ______________________________?
Zhège xuéqī de chéngjì zěnmeyàng

B: 比想象的差多了。
Bǐ xiǎngxiàng de chà duō le

이번 학기 성적은 어때?
예상보다 훨씬 못해.

09 A: 一次能借几本书?
Yícì néng jiè jǐ běnshū

B: ________________，两周内要退还。
Kěyǐ jiè sān běn, liǎngzhōu nèi yào tuìhuán

한 번에 몇 권까지 빌릴 수 있습니까?
3권 빌릴 수 있습니다. 2주 안에 반납해야 합니다.

10 A: ______________________________?
Zhè suǒ xuéxiào yǒu sùshè ma

B: 有专门为留学生准备的宿舍。
Yǒu zhuānmén wèi liúxuéshēng zhǔnbèi de sùshè

이 학교는 기숙사가 있습니까?
유학생 전용 기숙사가 준비되어 있습니다.

EVERYDAY

Part 04

직장

중국어

학습일 /

Unit 01

출퇴근

Mini Talk

A: 你每天几点上班?

Nǐ měitiān jǐdiǎn shàngbān

니 메이틴 지디엔 상빤

매일 몇 시에 출근하세요?

B: 我每天早上八点钟上班。

Wǒ měitiān zǎoshang bādiǎnzhōng shàngbān

워 메이티엔 자오상 빠디엔종 상빤

저는 매일 오전 8시에 출근합니다.

Check Point!

중국도 대도시에서는 우리와 마찬가지로 버스나 지하철, 자가용 등으로 출퇴근을 합니다. 아침에 만났을 때 인사를 나누는 것은 당연한 이야기지만 큰소리로 반갑게 인사를 합니다. 아침 출근은 늦어도 10분전까지는 자리에 앉도록 해야 합니다. 물론 정각 9시에 도착해도 지각은 아니지만... 몇 시에 출근하는지를 물을 때는 你每天几点上班(Nǐ měitiān jǐdiǎn shàngbān)?라고 합니다.

지금 출근하십니까?

你现在上班吗?

Nǐ xiànzài shàngbān ma

니 시엔짜이 상빤 마

몇 시까지 출근하세요?

你到几点上班?

Nǐ dào jǐdiǎn shàngbān

니 따오 지디엔 상빤

출근시간은 일정하지 않아요.

上班的时间不一定。

Shàngbān de shíjiān bù yídìng

상빤 더 스지엔 뿌 이띵

당신은 보통 어떻게 출퇴근 하세요?

你一般怎么上下班?

Nǐ yìbān zěnme shàngxiàbān

니 이빤 쩐머 상시아빤

통상 지하철로 출퇴근해요.

通常坐地铁上下班。

Tōngcháng zuò dìtiě shàngxiàbān

통창 쭈어 띠티에 상시아빤

회사까지 가는 통근차가 있어요?

有没有到公司的班车?

Yǒuméiyǒu dào gōngsī de bānchē

여우메이여우 따오 꽁쓰 더 빤처

---

01 대화 다시듣기

A: 매일 몇 시에 출근하세요?

B: 저는 매일 오전 8시에 출근합니다.

☐ ☐ ☐

학습일 / □

Unit 02 근무에 대해서

Mini Talk

A: 今天又加班吗?

Jīntiān yòu jiābān ma

진티엔 여우 지아빤 마

오늘 또 잔업해요?

B: 是的，这几天几乎每天都加班。

Shì de, zhè jǐtiān jǐhū měitiān dōu jiābān

스 더, 저 지티엔 지후 메이티엔 떠우 지아빤

그렇습니다, 요즘은 거의 매일 초과근무를 해요.

Check Point!

중국의 일반직장의 근무시간은 대체로 오전 8반에서 오후 5시반(주 5일 근무제)을 기준으로 다소 탄력적으로 운영되고 있습니다. 노동계약법에 의해 1일 8시간 근무, 매주 평균근무 40시간을 초과할 수 없습니다. 관공서는 일반적으로 출퇴근이 30분 빠릅니다. 지역별로 차이는 있으나 간혹 일부 남방지역의 경우 점심시간 후 30분 정도 오침시간을 가지는 곳도 있습니다.

Basic Expression

하루에 몇 시간씩 일하세요?

一天工作几个小时?

Yìtiān gōngzuò jǐgè xiǎoshí
이티엔 꽁쭈어 지꺼 샤오스

1주일에 며칠 일하세요?

你一周工作几天?

Nǐ yìzhōu gōngzuò jǐ tiān
니 이저우 꽁쭈어 지 티엔

점심휴식 시간은 얼마나 됩니까?

你们午休时间多长?

Nǐmen wǔxiū shíjiān duōcháng
니먼 우시우 스지엔 뚜어창

당신네 회사는 자주 잔업을 합니까?

你们公司经常加班吗?

Nǐmen gōngsī jīngcháng jiābān ma
니먼 꽁쓰 징창 지아빤 마

잔업은 늘 합니까?

经常加班吗?

Jīngcháng jiābān ma
징창 지아빤 마

어제는 2시간 잔업을 했어요.

昨天加了两个小时班。

Zuótiān jiāle liǎnggè xiǎoshí bān
쭈어티엔 지아러 리앙꺼 샤오스 빤

---

02 대화 다시듣기

A: 오늘 또 잔업해요? ☐☐☐

B: 그렇습니다, 요즘은 거의 매일 초과근무를 해요.

학습일 /

Unit

03 상사와 부하에 대해서

Mini Talk

A: 你跟上级的关系怎么样?

Nǐ gēn shàngjí de guānxì zěnmeyàng

니 껀 상지 더 꾸안시 쩐머양

당신 상사와의 사이가 어떠세요?

B: 我讨厌我上司。

Wǒ tǎoyàn wǒ shàngsi

워 타오이엔 워 상쓰

저는 제 상사가 싫습니다.

Check Point!

중국에서 关系(guānxi)의 힘은 참으로 대단합니다. 关系는 '관계' 혹은 '인맥'이라 할 수 있겠습니다. '인맥만 있으면 출세를 한다'라고 생각을 할 수도 있지만, 그런 관점이 아닌 중국사람들의 유대관계의 힘을 말합니다. 关系는 그 자체를 목표로 삼는 것보다 어떻게 하면 이익을 만들어서 함께 나눌 수 있는지를 고민하는 것이 关系의 올바른 태도입니다.

Basic Expression

상사가 누구세요?

你的上级是谁?

Nǐ de shàngjí shì shéi

니 더 상지 쓰 쉐이

그 사람 어때요?

那个人怎么样?

Nàgè rén zěnmeyàng

나거 런 쩐머양

그는 잔소리가 심해요.

他可愿意罗嗦了。

Tā kě yuànyì luósuō le

타 커 위엔이 루어쑤어 러

당신 상사와의 관계는 어떠세요?

你跟领导的关系怎么样?

Nǐ gēn lǐngdǎo de guānxì zěnmeyàng

니 껀 링다오 더 꾸안시 쩐머양

나는 그 사람하고 마음이(손발이) 안 맞아요.

我跟他合不来。

Wǒ gēn tā hébùlái

워 껀 타 허뿌라이

그 사람은 시간을 아주 잘 지켜요.

他非常守时。

Tā fēicháng shǒu shí

타 페이창 셔우 스

---

03 대화 다시듣기

□ □ □

A: 당신 상사와의 사이가 어떠세요?

B: 저는 제 상사가 싫습니다.

학습일 /

Unit

04 회사를 소개할 때

Mini Talk

A: 这公司里有多少员工?

Zhè gōngsī lǐ yǒu duōshǎo yuángōng

저 꽁쓰 리 여우 뚜어사오 위엔꽁

이 회사에는 직원이 몇 명입니까?

B: 我们公司里有三百多员工。

Wǒmen gōngsī lǐ yǒu sānbǎi duō yuángōng

워먼 꽁쓰 리 여우 싼바이 뚜어 위엔꽁

우리 회사의 직원은

300여명입니다.

Check Point!

방문 회사에 도착하면 안내데스크에 가서 약속한 사람의 신분을 말하고 만나고자 하는 사람의 부서와 이름을 말하고 대기하다가 안내를 받으면 됩니다. 명함을 주고받을 때는 고객사에게 먼저 명함을 주고 나중에 받습니다. 테이블에 앉으면 명함을 테이블에 올려놓고 이름과 인상을 기억해둡니다. 받은 명함에 메모를 해서는 안 됩니다.

Basic Expression

귀사에 대해 좀 자세히 알고 싶습니다.

我想了解一下贵公司。

Wǒ xiǎng liǎojiě yíxià guì gōngsī
워 시앙 랴오지에 이시아 꾸이 꽁쓰

귀사의 공식 명칭은 무엇입니까?

请问贵公司的全称?

Qǐngwèn guì gōngsī de quánchēng
칭원 꾸이 꽁쓰 더 취엔청

우리 회사는 본사가 서울에 있어요.

我们公司的总部在首尔。

Wǒmen gōngsī de zǒngbù zài Shǒu'ěr
워먼 꽁쓰 더 쫑뿌 짜이 셔우얼

여기가 우리 회사의 본부입니다.

这儿是我们的总公司。

Zhèr shì wǒmen de zǒnggōngsī
절 스 워먼 더 쫑꽁쓰

여기가 우리 회사의 공장입니다.

这里是我们公司的工厂。

Zhèlǐ shì wǒmen gōngsī de gōngchǎng
저리 쓰 워먼 꽁쓰 더 꽁창

제가 공장을 안내해 드리겠습니다.

让我带您看看我们的工厂。

Ràng wǒ dài nín kànkan wǒmen de gōngchǎng
랑 워 따이 닌 칸칸 워먼 더 꽁창

---

04 대화 다시듣기

☐ ☐ ☐

A: 이 회사에는 직원이 몇 명입니까?
B: 우리 회사의 직원은 300여명입니다.

Unit

05 업무

Mini Talk

A: 那项工程进展得怎么样?

Nà xiàng gōngchéng jìnzhǎn de zěnmeyàng

나 시앙 꽁청 진잔 더 쩐머양

어느 정도까지 일이 진척되었죠?

B: 快要完工了。

Kuàiyào wángōng le

콰이야오 완꽁 러

거의 완공되어
가고 있습니다.

Check Point!

중국은 자기 업무가 끝나면 눈치를 보지 않고 퇴근을 하기 때문에 보통 야근을 하지 않습니다. 또한 중국회사는 대부분 자유로운 분위기에서 개인적인 특성으로 독립적으로 업무를 봅니다. 점심시간은 낮잠 자는 시간이 있기 때문에 우리보다 30분에서 1시간 정도 긴 편입니다. 우리는 회식에 무조건 참석하는 분위기이지만 중국에서는 눈치 보지 않고 선약이 있으면 불참을 합니다.

나 대신 이 일 좀 해 줘요.

替我做一下这件事。

Tì wǒ zuò yíxià zhè jiàn shì

티 워 쭈어 이시아 저 지엔 스

안 바쁘면, 나 좀 도와줄 수 있어요?

不忙的话，能帮我个忙吗?

Bùmáng de huà, néng bāng wǒ gè máng ma

뿌망 더 후아, 넝 빵 워 꺼 망 마

어제 부탁한 보고서는 다 됐어요?

昨天让你写的报告弄好了吗?

Zuótiān ràng nǐ xiě de bàogào nòng hǎo le ma

쭈어티엔 랑 니 시에 더 빠오까오 농 하오 러 마

언제쯤 끝낼 수 있어요?

什么时候能完成?

Shénmeshíhòu néng wánchéng

선머스허우 넝 완청

결과가 어떻습니까? 마음에 드십니까?

结果怎么样? 满意吗?

Jiéguǒ zěnmeyàng? mǎnyì ma

지에구어 쩐머양? 만이 마

여기에 서명해 주십시오.

请在这儿签名。

Qǐng zài zhèr qiānmíng

칭 짜이 절 치엔밍

05 대화 다시듣기

A: 어느 정도까지 일이 진척되었죠?

B: 거의 완공되어 가고 있습니다.

학습일 ／ □

Unit

06 사무실

Mini Talk

A: 你能帮我复印一下吗?

Nǐ néng bāng wǒ fùyìn yíxià ma

니 넝 빵 워 푸인 이시아 마

복사 좀 해 줄 수 있어요?

B: 好吧。

Hǎo ba

하오 바

그러지요.

Check Point!

회사에 출근하면 퇴근할 때까지 하루종일 자기가 맡은 일을 하게 됩니다. 요즘은 인터넷의 발달로 필요한 자료를 쉽게 검색할 수 있습니다. 또한 팩스(传真 chuánzhēn)를 이용하기보다는 간편하게 이메일(电子邮件 diànzǐ yóujiàn)을 주로 이용합니다. 상대의 이메일 주소를 물어볼 때는 电子邮箱地址是什么(diànzi yóuxiāng dìzh shì shénme)?라고 확인합니다.

Basic Expression

여기서 팩스를 보낼 수 있나요?

在这儿能不能发传真?

Zài zhèr néng bùnéng fā chuánzhēn

짜이 절 넝 뿌넝 파 추안전

팩스를 보냈나요?

你发传真了没有?

Nǐ fā chuánzhēn le méiyǒu

니 파 추안전 러 메이여우

그 복사기는 고장났어요.

那个复印机出毛病了。

Nàge fùyìnjī chūmáobìng le

나거 푸인지 추마오삥 러

그 문서 이름이 뭐죠?

那个文件名称是什么?

Nàge wénjiàn míngchēng shì shénme

나거 원지엔 밍청 스 선머

내 컴퓨터가 바이러스에 걸렸어요.

我的电脑染上了病毒。

Wǒ de diànnǎo rǎnshàng le bìngdú

워 더 띠엔나오 란상 러 삥두

제가 사장님께 이메일을 보냈어요.

我给总经理发伊妹儿。

Wǒ gěi zǒngjīnglǐ fā yīmèir

워 게이 쫑징리 파 이메이얼

---

06 대화 다시듣기

A: 복사 좀 해 줄 수 있어요?

B: 그러지요.

Unit

07 입사와 승진·이동

Mini Talk

A: 欢迎您进我们公司。

Huānyíng nín jìn wǒmen gōngsī

후안잉 닌 진 워먼 꽁쓰

우리 회사에 입사한 것을 환영합니다.

B: 这么欢迎我，我表示感谢!

Zhème huānyíng wǒ, wǒ biǎoshì gǎnxiè

저머 후안잉 워, 워 뱌오스 간시에

이렇게 환영해 주셔서

감사합니다.

Check Point!

面子(miànzi)는 앞서 언급한 关系(guānxì)와 밀접한 관계가 있습니다. 우리말의 체면을 뜻하는 面子는 자신인 내뱉는 말에 책임을 지는 것이 곧 체면과 연결되기 때문에 정말 친구라고 생각하면 무슨 일이 있으면 성심성의껏 서로 도와주는 편입니다. 따라서 누군가에 도움을 받았다고 해서 꼭 보답을 할 필요는 없습니다. 자신의 체면을 위해서 도와준 것이기 때문입니다.

Basic Expression

우리 회사에 입사한 것을 환영합니다.

欢迎您进我们公司。

Huānyíng nín jìn wǒmen gōngsī

후안잉 닌 진 워먼 꽁쓰

여기서 일하게 되어 정말 기쁩니다.

我到这儿来工作，真高兴。

Wǒ dào zhèr lái gōngzuò, zhēn gāoxìng

워 따오 절 라이 꽁쭈어, 전 까오싱

여러분의 많은 지도 부탁드립니다.

请你们多多指教。

Qǐng nǐmen duōduō zhǐjiào

칭 니먼 뚜어뚜어 즈쟈오

우리 부서에 오신 것을 환영합니다.

欢迎你来我们部门。

Huānyíng nǐ lái wǒmen bùmén

후안잉 니 라이 워먼 뿌먼

제 중국어 수준이 별로 좋지 않으니, 이해해 주십시오.

我的汉语水平不怎么好，请你谅解。

Wǒ de Hànyǔ shuǐpíng bù zěnme hǎo, qǐng nǐ liàngjiě

워 더 한위 수이핑 뿌 쩐머 하오, 칭 니 리앙지에

승진을 축하합니다.

祝贺你升职。

Zhùhè nǐ shēngzhí

주허 니 성즈

---

07 대화 다시듣기

A: 우리 회사에 입사한 것을 환영합니다.

B: 이렇게 환영해 주셔서 감사합니다.

Unit 08

급여

Mini Talk

A: 你一个月薪水是多少?

Nǐ yíge yuè xīnshuǐ shì duōshǎo

니 이거 위에 신수이 스 뚜어사오

당신의 한 달 월급은 얼마입니까?

B: 我的薪水是一个月八百五十块钱。

Wǒ de xīnshuǐ shì yíge yuè bābǎiwǔshíkuài qián

워 더 신수이 스 이거 위에

빠바이우스콰이 치엔

내 월급은 한 달에

850원입니다.

Check Point!

회사생활에서 가장 중요하면서도 즐거운 것은 월급을 받는 것입니다. 우리나라 회사에서는 채용할 때부터 대부분 월급(연봉)을 공개하지만 중국은 월급(연봉)을 공개하지 않습니다. 같이 입사했더라도 월급 차이가 있을 수 있다는 점이 우리와 다릅니다. '월급을 주다'라고 말할 때는 (发工资(fā gōngzī), '월급을 타다'라고 말할 때는 领工资(lǐng gōngzī)라고 합니다.

수입은 어때요?

收入怎么样?

Shōurù zěnmeyàng

셔우루 쩐머양

연봉이 얼마나 됩니까?

年薪多少?

Niánxīn duōshǎo

니엔신 뚜어사오

실질임금은 그리 많지 않아요.

实际工资不太多。

Shíjì gōngzī bú tài duō

스지 꽁쯔 부 타이 뚜어

오늘은 월급날입니다.

今天发工资。

Jīntiān fā gōngzī

진티엔 파 꽁쯔

내 월급은 많아요.

我的薪水很高。

Wǒ de xīnshuǐ hěn gāo

워 더 신수이 헌 까오

내 월급은 너무 적어요.

我的薪水太低了。

Wǒ de xīnshuǐ tài dī le

워 더 신수이 타이 띠 러

---

08 대화 다시듣기

☐ ☐ ☐

A: 당신의 한 달 월급은 얼마입니까?

B: 내 월급은 한 달에 850원 입니다.

학습일 /

Unit

09 휴가와 휴식

Mini Talk

A: 有暑假吗?

Yǒu shǔjià ma

여우 수지아 마

여름휴가가 있습니까?

B: 夏天有一个星期的假期。

Xiàtiān yǒu yígè xīngqī de jiàqī

시아티엔 여우 이꺼 싱치 지아치

여름에는 1주일

휴가가 있습니다.

Check Point!

중국도 주5일 근무제에 따른 주말연휴(双休日 shuāngxiūrì)와 노동절(劳动节 láodòngjié), 국경절(国庆节 guóqìngjié)에는 대개 7일간의 연휴가 있기 때문에 여행이나 문화생활 등 삶의 질을 높이는 데 관심이 높아지고 있습니다. 노동절이나 국경절 연휴도 본래는 1~3일간이지만 앞뒤의 주말연휴를 합쳐 긴 휴가를 갖는 것도 장거리 여행을 권장하기 위한 배려라고 합니다.

Basic Expression

곧 휴가철이 되겠구나.

快到休假期了。

Kuài dào xiūjiàqī le
콰이 따오 시우지아치 러

이번 휴가는 며칠 쉬세요?

这次休几天假?

Zhècì xiū jǐtiān jià
저츠 시우 지티엔 지아

이번 휴가를 어떻게 보내실 겁니까?

这次休假你打算怎么过?

Zhècì xiūjià nǐ dǎsuàn zěnme guò
저츠 시우지아 니 다쑤안 쩐머 꾸어

이번 휴가 때는 어디로 갈 생각이세요?

这次休假的时候你打算去哪儿?

Zhècì xiūjià de shíhòu nǐ dǎsuàn qù nǎr
저츠 시우지아 더 스허우 니 다쑤안 취 날

연말연시 휴가는요(설 휴가)?

春节有假期吧?

Chūnjié yǒu jiàqī ba
춘지에 여우 지아치 바

매주 이틀 간 쉽니다.

每星期休息两天。

Měi xīngqī xiūxī liǎngtiān
메이 싱치 시우시 리앙티엔

09 대화 다시듣기

☐ ☐ ☐

A: 여름휴가가 있습니까?

B: 여름에는 1주일 휴가가 있습니다.

학습일 /

Unit

10 사직과 퇴직

Mini Talk

A: 辞职的理由是什么?

Cízhí de lǐyóu shì shénme

츠즈 더 리여우 스 선머

사직한 이유가 뭡니까?

B: 我早就不想干了。

Wǒ zǎojiù bùxiǎng gān le

워 짜오지우 뿌시앙 깐 러

벌써부터 그만두려고 했습니다.

Check Point!

직장생활을 하다가 사정이 생겨 자의든 타의든 회사를 그만두어야 할 상황이 생기게 마련입니다. 갑자기 사표를 내밀면 상사는 辞职的理由是什么(Cízhí de lǐyóu shì shénme)?라고 물을 겁니다. 만약 지금 하고 있는 일이 자신과 맞지 않는다면 我不适合做这种工作(Wǒ bú shìhé zuò zhèzhǒng gōngzuò)라고 대답하면 됩니다. 그리고 퇴직은 退休(tuìxiū)라고 합니다.

Basic Expression

언제 퇴직하십니까?

什么时候退休?

Shénmeshíhòu tuìxiū

선머스허우 투이시우

당신 회사는 정년이 몇 살입니까?

你们公司规定多大岁数退休?

Nǐmen gōngsī guīdìng duōdà suìshù tuìxiū

니먼 꽁쓰 꾸이띵 뚜어따 쑤이수 투이시우

저는 지금 놀고 있습니다.

我现在在家歇着呢。

Wǒ xiànzài zài jiā xiēzhe ne

워 시엔짜이 짜이 지아 시에저 너

그가 사직서를 제출했어요.

他提交了辞职信。

Tā tíjiāo le cízhíxìn

타 티쟈오 러 츠즈신

이 일에는 안 맞는 것 같아요.

我不适合做这种工作。

Wǒ bú shìhé zuò zhèzhǒng gōngzuò

워 부 스허 쭈어 저종 꽁쭈어

퇴직 후에는 무엇을 하실 겁니까?

退休后想做点儿什么?

Tuìxiū hòu xiǎng zuò diǎnr shénme

투이시우 허우 시앙 쭈어 디알 선머

---

10 대화 다시듣기

□ □ □

A: 사직한 이유가 뭡니까?

B: 벌써부터 그만두려고 했습니다.

앞에서 배운 대화 내용입니다. 빈 칸을 채워보세요. 기억이 잘 안 난다고요? 녹음이 있잖아요. 녹음을 듣고 써보세요 . 정답은 각 유닛에서 확인하세요.

01 A: ________________________?
Nǐ měitiān jǐdiǎn shàngbān

B: 我每天早上八点钟上班。
Wǒ měitiān zǎoshang bādiǎnzhōng shàngbān

매일 몇 시에 출근하세요?
저는 매일 오전 8시에 출근합니다.

02 A: ________________________?
Jīntiān yòu jiābān ma

B: 是的，这几天几乎每天都加班。
Shì de, zhè jǐtiān jǐhū měitiān dōu jiābān

오늘 또 잔업해요?
그렇습니다, 요즘은 거의 매일 초과근무를 해요.

03 A: 你跟上级的关系怎么样?
Nǐ gēn shàngjí de guānxì zěnmeyàng

B: ____________________。
Wǒ tǎoyàn wǒ shàngsi

당신 상사와의 사이가 어떠세요?
저는 제 상사가 싫습니다.

04 A: ____________________________?
Zhè gōngsī lǐ yǒu duōshǎo yuángōng

B: 我们公司里有三百多员工。
Wǒmen gōngsī lǐ yǒu sānbǎi duō yuángōng

이 회사에는 직원이 몇 명입니까?
우리 회사의 직원은 300여명입니다.

05 A: 那项工程进展得怎么样?
Nà xiàng gōngchéng jìnzhǎn de zěnmeyàng

B: ____________________。
Kuàiyào wángōng le

어느 정도까지 일이 진척되었죠?
거의 완공되어 가고 있습니다.

06 A: ______________________________?
Nǐ néng bāng wǒ fùyìn yíxià ma

B: 好吧。
Hǎo ba

복사 좀 해 줄 수 있어요?
그러지요.

07 A: ______________________________。
Huānyíng nín jìn wǒmen gōngsī

B: 这么欢迎我，我表示感谢!
Zhème huānyíng wǒ, wǒ biǎoshì gǎnxiè

우리 회사에 입사한 것을 환영합니다.
이렇게 환영해 주셔서 감사합니다.

08 A: ______________________________?
Nǐ yíge yuè xīnshuǐ shì duōshǎo

B: 我的薪水是一个月八百五十块钱。
Wǒ de xīnshuǐ shì yíge yuè bābǎiwǔshíkuài qián

당신의 한 달 월급은 얼마입니까?
내 월급은 한 달에 850원입니다.

09 A: ________________?
Yǒu shǔjià ma

B: 夏天有一个星期的假期。
Xiàtiān yǒu yígè xīngqī de jiàqī

여름휴가가 있습니까?
여름에는 1주일 휴가가 있습니다.

10 A: 辞职的理由是什么?
Cízhí de lǐyóu shì shénme

B: ______________________________。
Wǒ zǎojiù bùxiǎng gān le

사직한 이유가 뭡니까?
벌써부터 그만두려고 했습니다.

EVERYDAY

Part 05

외출

중국어

학습일 /

Unit

01 길을 물을 때

Mini Talk

A: 请问这是什么地方?

Qǐngwèn zhè shì shénme dìfang

칭원 저 스 선머 띠팡

이곳은 어디입니까?

B: 这里是王府井大街。

Zhèli shì Wángfǔjǐng dàjiē

저리 스 왕푸징 따지에

이곳은 왕푸징 거리입니다.

Check Point!

중국에서 혼자 길을 찾아가는 것은 쉽지 않지만 베이징이나 상하이 같은 대도시는 대중교통이 발달해서 지도와 안내문을 잘 보면 어렵지 않게 목적지를 찾아갈 수 있습니다. 지나가는 사람에게 길을 물어봐야 할 때는 먼저 麻烦你(máfan nǐ), 对不起(duìbuqǐ), 请问(qǐngwèn)과 같이 '실례합니다, 말씀 좀 물을게요'라고 말하면서 질문을 시작하면 됩니다.

실례합니다. 잠깐 여쭙겠습니다.

对不起，请问一下。

Duìbuqǐ, qǐngwèn yíxià
뚜이부치, 칭원 이시아

천안문까지 어떻게 가죠?

到天安门怎么走?

Dào Tiān'ānmén zěnme zǒu
따오 티엔안먼 쩐머 쩌우

여기에서 멀어요?

离这儿远吗?

Lí zhèr yuǎn ma
리 절 위엔 마

지하철역은 어떻게 가죠?

地铁站怎么走?

Dìtiězhàn zěnme zǒu
띠티에잔 쩐머 저우

거긴 어떻게 가죠?

去那儿怎么走?

Qù nàr zěnme zǒu
취 날 쩐머 저우

저도 같은 방향으로 가는 길입니다.

我正好和你同路。

Wǒ zhènghǎo hé nǐ tónglù
워 정하오 허 니 통루

---

01 대화 다시듣기

A: 이곳은 어디입니까?

B: 이곳은 왕푸징 거리입니다.

학습일 /

Unit 02 택시를 탈 때

Mini Talk

A: 师傅，去北京饭店。

Shīfu, qù Běijīng fàndiàn

스푸, 취 베이징 판띠엔

기사님, 베이징호텔로 가주세요.

B: 好的，你要走哪条路？

Hǎode, nǐ yào zǒu nǎ tiáo lù

하오더, 니 야오 쩌우 나 탸오 루

네, 어떤 길로 갈까요?

Check Point!

택시는 중국어로 出租车(chūzūchē)라고 하는데 영어 TEXI를 음역해서 的士(díshì)라고 부르기도 합니다. '택시를 타다'라고 하려면 坐出租车(zuò chūzūchē)라고 하거나 打车(dǎchē) 또는 打的(dǎdí)라고 합니다. 보통 차량을 운전하는 기사를 司机(sījī)라고 하지만 택시기사를 师傅(shīfu)라고 부릅니다. 목적지를 말할 때는 师傅, 去~(Shīfu, qù~)라고 합니다.

Basic Expression

어디서 택시를 탈 수 있습니까?

在哪里能坐出租车?

Zài nǎli néng zuò chūzūchē

짜이 나리 넝 쭈어 추쭈처

트렁크 좀 열어 주세요.

请打开后备箱。

Qǐng dǎkāi hòubèixiāng

칭 다카이 허우뻬이시앙

어서 오십시오, 어디 가시죠?

欢迎欢迎, 你去哪儿?

Huānyíng huānyíng, nǐ qù nǎr

후안잉 후안잉, 니 취 날

조금 더 천천히 가세요.

请再慢一点。

Qǐng zài màn yìdiǎn

칭 짜이 만 이디엔

저 앞에서 세워주세요.

到前面停车。

Dào qiánmiàn tíngchē

따오 치엔미엔 팅처

다 왔어요, 여기서 세워주세요.

到了, 就在这儿停车吧。

Dào le, jiù zài zhèr tíngchē ba

따오 러, 지우 짜이 절 팅처 바

---

02 대화 다시듣기

□ □ □

A: 기사님, 베이징호텔로 가주세요.

B: 네, 어떤 길로 갈까요?

Unit 03 버스를 탈 때

Mini Talk

A: 去前门要坐几路车?

Qù Qiánmén yào zuò jǐ lù chē

취 치엔먼 야오 쭈어 지 루 처

치엔먼까지 몇 번 버스가 가죠?

B: 没有直达的，要倒车。

Méiyǒu zhídá de, yào dǎochē

메이여우 즈다 더, 야오 다오처

직접 가는 버스는 없고

환승해야 해요.

Check Point!

중국의 버스 公共汽车(gōnggòngqìchē)는 에어컨이 없는 낡은 버스에서부터 전기로 가는 무궤도열차, 냉난방차, 이층버스 등 종류가 다양합니다. 종류마다 요금도 달라서 동일 요금을 직접 내는 버스도 있고 안내양 售票员(shòupiàoyuán)이 있어 도착지를 말하고 차표를 사는 버스도 있습니다. 버스정류장은 公共汽车站(gōnggòngqìchēzhàn)라고 합니다.

버스정류장은 어디에 있어요?

请问，公共汽车站在哪儿？

Qǐngwèn, gōnggòngqìchēzhàn zài nǎr
칭원, 꽁꽁치처잔 짜이 날

천안문에 가려면 몇 번 버스를 타야 하죠?

去天安门要坐几路车？

Qù Tiān'ānmén yào zuò jǐ lù chē
취 티엔안먼 야오 쭈어 지 루 처

치엔먼까지 가나요?

这路车到前门吗？

Zhè lù chē dào Qiánmén ma
저 루 처 따오 치엔먼 마

천안문까지 몇 정거장이죠?

到天安门还要坐几站？

Dào Tiān'ānmén háiyào zuò jǐ zhàn
따오 티엔안먼 하이야오 쭈어 지 짠

도착하면 알려주시겠어요?

到了就告诉我，好吗？

Dào le jiù gàosu wǒ, hǎo ma
따오 러 지우 까오쑤 워, 하오 마

저 내릴게요.

我要下车。

Wǒ yào xiàchē
워 야오 시아처

---

03 대화 다시듣기

□ □ □

A: 치엔먼까지 몇 번 버스가 가죠?

B: 직접 가는 버스는 없고 환승해야 해요.

Unit

04 지하철을 탈 때

학습일 /

Mini Talk

A: 从这里到西直门怎么走?

Cóng zhèli dào Xīzhímén zěnme zǒu

총 저리 따오 시즈먼 쩐머 쩌우

여기서 시즈먼까지 어떻게 가죠?

B: 坐地铁吧，地铁最快。

Zuò dìtiě ba, dìtiě zuì kuài

쭈어 띠티에 바, 띠티에 쭈이 콰이

지하철을 타세요,

지하철이 제일 빨라요.

Check Point!

대도시에는 지하철이 있으며, 구간별로 요금이 달라 도착지를 확인한 후 매표소에서 표를 구입합니다. 출퇴근시간에는 길이 막혀 택시를 잡기 어렵고 버스도 사람이 많기 때문에 지하철이 가장 편리할 때가 있습니다. 몇 번 출구로 나가야할지 몰라 당황스러울 때는 去 ~从几号出口出去(qù ~cóng jǐ hào chūkǒu chūqù)?라고 물어보면 됩니다.

Basic Expression

지하철 노선도 좀 주세요.

请给我一张地铁路线图。

Qǐng gěi wǒ yìzhāng dìtiě lùxiàntú

칭 게이 워 이장 띠티에 루시엔투

이 근처에 지하철역이 있어요?

这附近有地铁站吗?

Zhè fùjìn yǒu dìtiězhàn ma

저 푸찐 여우 띠티에잔 마

자동매표기는 어디에 있어요?

自动售票机在哪里?

Zìdòng shòupiàojī zài nǎli

쯔똥 셔우퍄오지 짜이 나리

어디서 갈아타죠?

在哪儿换乘?

Zài nǎr huànchéng

짜이 날 후안청

다음 역은 어디예요?

下一站是哪里?

Xià yízhàn shì nǎli

시아 이잔 스 나리

어느 역에서 내리죠?

在哪一站下车?

Zài nǎ yízhàn xiàchē

짜이 나 이잔 시아처

---

04 대화 다시듣기

A: 여기서 시즈먼까지 어떻게 가죠?

B: 지하철을 타세요, 지하철이 제일 빨라요.

학습일 / ☐

Unit 05

열차를 탈 때

Mini Talk

A: 去北京的列车有座位吗?

Qù Běijīng de lièchē yǒu zuòwèi ma

취 베이징 더 리에처 여우 쭈어웨이 마

베이징까지 가는 열차표 있나요?

B: 有，你要几张?

Yǒu, nǐ yào jǐ zhāng

여우, 니 야오 지 장

있습니다. 몇 장 필요합니까?

Check Point!

넓은 국토와 다양한 지형을 소유하고 있는 중국에는 철도가 거미줄처럼 깔려 있습니다. 중국 사람들은 장거리를 여행할 때 대부분 기차를 타고 갑니다. 여행거리에 따라 좌석이 다양해서 짧은 거리는 앉아서 가고 시간이 많이 걸릴 경우 침대칸을 이용합니다. 기차여행을 계획할 때는 직접 역에 가거나 여행사를 통해 표를 예매하면 편리합니다.

매표소는 어디에 있죠?

售票处在哪里?

Shòupiàochù zài nǎli
셔우퍄오추 짜이 나리

요금은 얼마예요?

票价是多少钱?

Piàojià shì duōshǎo qián
퍄오지아 스 뚜어사오 치엔

왕복표는 한 장에 얼마죠?

往返票多少钱一张?

Wǎngfǎnpiào duōshao qián yìzhāng
왕판퍄오 뚜어사오 치엔 이장

상하이까지 편도 주세요.

请给我到上海的单程票。

Qǐng gěi wǒ dào Shànghǎi de dānchéngpiào
칭 게이 워 따오 상하이 더 딴청퍄오

더 이른 열차는 없어요?

没有更早一点儿的吗?

Méiyǒu gèng zǎo yìdiǎnr de ma
메이여우 껑 짜오 이디알 더 마

여긴 제 자리인데요.

这是我的座位。

Zhè shì wǒ de zuòwèi
저 쓰 워 더 쭈어웨이

05 대화 다시듣기

A: 베이징까지 가는 열차표 있나요?
B: 있습니다. 몇 장 필요합니까?

☐ ☐ ☐

학습일 / ☐

Unit 06

비행기를 탈 때

Mini Talk

A: 您的行李超重了。

Nín de xíngli chāozhòng le

닌 더 싱리 차오종 러

수화물 중량이 초과됐습니다.

B: 要付多少钱?

Yào fù duōshao qián

야오 푸 뚜어사오 치엔

얼마를 내야 하죠?

Check Point!

비행기에서 내리면 검역을 통과하고 입국심사를 거치는데 入境健康检疫申明卡(검역신고서)와 入境登记卡(입국심사서)는 비행기에서 작성하도록 안내해줍니다. 중국에서 한국으로 출발할 때는 여유 있게 미리 도착해서 탑승수속을 하면 되는데 한국인 승객이 많아 한국어를 할 수 있는 직원이 안내해주는 경우가 많습니다.

Basic Expression

항공권을 구하고 싶은데요.

我想买一张飞机票。

Wǒ xiǎng mǎi yìzhāng fēijīpiào

워 시앙 마이 이장 페이지퍄오

다른 편은 없습니까?

有没有别的班机?

Yǒu méiyǒu biéde bānjī

여우 메이여우 비에더 빤지

출발시간을 확인하고 싶은데요.

我想确认一下出发时间。

Wǒ xiǎng quèrèn yíxià chūfā shíjiān

워 시앙 취에런 이시아 추파 스지엔

탑승일자를 변경하고 싶은데요.

我要变更登机日期。

Wǒ yào biàngēng dēngjī rìqī

워 야오 삐엔껑 떵지 르치

지금 탑승수속을 할 수 있나요?

现在可以办登机手续吗?

Xiànzài kěyǐ bàn dēngjī shǒuxù ma

시엔짜이 커이 빤 떵지 셔우쉬 마

여권을 보여주십시오.

请给我看一下您的护照。

Qǐng gěi wǒ kàn yíxià nín de hùzhào

칭 게이 워 칸 이시아 닌 더 후자오

---

06 대화 다시듣기

□ □ □

A: 수화물 중량이 초과됐습니다.

B: 얼마를 내야 하죠?

학습일 /

Unit

07 렌터카

Mini Talk

A: 我想租借一辆汽车。

Wǒ xiǎng zūjiè yíliàng qìchē

워 시앙 쭈지에 이리앙 치처

차 한 대 렌트하고 싶은데요.

B: 您要什么型的车?

Nín yào shénme xíng de chē

닌 야오 선머 싱 더 처

어떤 차종을 원하십니까?

Tip

Check Point!

중국은 베이징이나 상하이 등과 같은 대도시는 대중교통이 발달하여 차를 빌려 관광할 일은 많지 않지만, 대도시를 벗어나면 대중교통이 아직도 많이 불편합니다. 렌터카를 빌릴 때는 여권과 국제면허증이 필요합니다. 만일을 대비하여 보험도 잊지 말고 꼭 들어둡시다. 관광시즌에는 한국에서 출발하기 전에 미리 렌터카 회사에 예약을 해두는 게 좋습니다.

Basic Expression

이 차는 하루에 얼마죠?

这辆车一天要多少钱?

Zhè liàng chē yītiān yào duōshǎo qián
저 리앙 처 이티엔 야오 뚜어사오 치엔

선금을 내야 하나요?

要先付钱吗?

Yào xiān fùqián ma
야오 시엔 푸치엔 마

보증금은 얼마죠?

押金要多少?

Yājīn yào duōshǎo
야진 야오 뚜어사오

보험 요금이 포함되어 있나요?

包括保险费吗?

Bāokuò bǎoxiǎnfèi ma
빠오쿠어 바오시엔페이 마

도중에 차를 반환해도 되나요?

可以中途还车吗?

Kěyǐ zhōngtú huán chē ma
커이 종투 후안 처 마

다른 지역에서 차를 반환해도 되나요?

可以在外地还车吗?

Kěyǐ zài wàidì huán chē ma
커이 짜이 와이띠 후안 처 마

---

07 대화 다시듣기

A: 차 한 대 렌트하고 싶은데요. □ □ □

B: 어떤 차종을 원하십니까?

학습일 /

Unit

08 자동차를 운전할 때

Mini Talk

A: 你会开车吗?

Nǐ huì kāichē ma

니 후이 카이처 마

운전할 줄 알아요?

B: 我拿到了驾驶执照。

Wǒ nádào le jiàshǐzhízhào

워 나따오 러 지아스즈자오

운전면허증 땄어요.

Check Point!

베이징이든 상하이든 사람들은 주요 간선도로에서도 예사로 무단횡단을 일삼고, 자전거는 더 말할 것도 없으며, 차들도 마찬가지입니다. 또한 AFP는 중국에서 매년 1천 100만 명의 초보운전자들이 적절한 교육 없이 거리로 나오고 있다며 중국 고속도로에서의 치사율이 세계 최고수준을 기록하고 있다고 합니다. 그러나 요즘은 교통질서에 관한 교육이 잘 이루어지고 있답니다.

Basic Expression

차를 운전할 줄 아세요?

你会开车吗?

Nǐ huì kāichē ma

니 후이 카이처 마

근처에 주유소 있어요?

这附近有没有加油站?

Zhè fùjìn yǒu méiyǒu jiāyóuzhàn

저 푸진 여우 메이여우 지아여우잔

보통 휘발유로 가득 채워 주세요.

要一般汽油，请装满。

Yào yìbān qìyóu, qǐng zhuāng mǎn

야오 이빤 치여우, 칭 주앙 만

펑크가 났어요.

有个轮胎爆胎了。

Yǒu gè lúntāi bàotāi le

여우 꺼 룬타이 빠오타이 러

이 부근에 주차장이 있나요?

这附近有停车场没有?

Zhè fùjìn yǒu tíngchēchǎng méiyǒu

저 푸찐 여우 팅처창 메이여우

이곳에 주차해도 될까요?

这儿可以停车吗?

Zhèr kěyǐ tíngchē ma

절 커이 팅처 마

---

08 대화 다시듣기

□ □ □

A: 운전할 줄 알아요?

B: 운전면허증 땄어요.

학습일 /

Unit

09 길을 잃었을 때

Mini Talk

A: 我要去颐和园，可是我迷路了。

Wǒ yào qù Yíhéyuán, kěshì wǒ mílù le

워 야오 취 이허위엔, 커스 워 미루 러

이화원에 가려고 하는데 길을 잃었어요.

B: 不好意思，我也不是本地人。

Bùhǎoyìsi, wǒ yě búshì běndìrén

뿌하오이쓰, 워 예 부스 번띠런

미안합니다, 저도 여기 사람이

아니에요.

Check Point!

한번쯤은 여행을 하다 길을 잃어버려 당황한 경험이 있을 겁니다. 중국어로 길을 잃었다는 표현은 迷路(mílù)라고 합니다. 我迷路了(wǒ mílù le)라고 하면 길을 잃어버렸을 때도 쓰고 생각을 종잡을 수 없어 혼란스러울 때도 은유적으로 쓸 수 있습니다. 길을 잃어버렸을 때 '이곳은 어디인가요?'라고 물어보려면 这是什么地方(zhè shì shénme dìfang)?이라고 합니다.

Basic Expression

제가 길을 잘못 들었나요?

是我走错了吗?

Shì wǒ zǒu cuò le ma

스 워 쩌우 추어 러 마

길을 잃었어요.

我迷路了。

Wǒ mílù le

워 미루 러

어디에 가시죠?

去哪里?

Qù nǎli

취 나리

길을 잘못 드셨네요.

你走错路了。

Nǐ zǒu cuò lù le

니 쩌우 추어 루 러

이 길이 아닌가요?

不是这条路吗?

Búshì zhè tiáo lù ma

부스 저 탸오 루 마

차를 잘못 타셨어요.

你搭错车了。

Nǐ dā cuò chē le

니 따 추어 처 러

---

09 대화 다시듣기

A: 이화원에 가려고 하는데 길을 잃었어요.

B: 미안합니다, 저도 여기 사람이 아니에요.

□ □ □

학습일 /

Unit
10 교통사고가 났을 때

Mini Talk

A: 你没事吧?

Nǐ méi shì ba

니 메이 스 바

괜찮으세요?

B: 我没事，可是一动也动不了了。

Wǒ méi shì, kěshì yídòng yě dòng bùliǎo le

워 메이 스, 커스 이똥 예 똥 뿌랴오 러

전 괜찮은데 움직일 수가 없어요.

Check Point!

중국은 운전자들이 운전을 험하게 하고 교통이 혼잡해서 교통사고가 빈번하게 일어나는 곳입니다. 중국에서 교통사고가 발생했을 때 즉시 122 혹은 110으로 신고하고 현장을 보존하고 증거와 증인을 확보해야 합니다. 현장을 보존함과 동시에 목격자와 인명피해 정도, 차량 파손상태, 관련 차량번호, 보험 가입 여부 등을 확인하고 기록합니다.

Basic Expression

교통사고가 났어요.

出事故了。

Chū shìgù le

추 스꾸 러

어서 신고하세요.

快打电话报警。

Kuài dǎ diànhuà bàojǐng

콰이 다 띠엔후아 빠오징

구급차를 불러 주세요.

快叫救护车。

Kuài jiào jiùhùchē

콰이 쟈오 지우후처

저를 병원으로 데려가 주시겠어요?

请送我到医院可以吗?

Qǐng sòng wǒ dào yīyuàn kěyǐ ma

칭 쏭 워 따오 이위엔 커이 마

당시 상황을 알려주세요.

请告诉我当时的情况。

Qǐng gàosu wǒ dāngshí de qíngkuàng

칭 까오쑤 워 땅스 더 칭쿠앙

상황이 잘 기억나지 않아요.

记不清是什么情况了。

Jìbùqīng shì shénme qíngkuàng le

지뿌칭 스 선머 칭쿠앙 러

10 대화 다시 듣기

A: 괜찮으세요?

B: 전 괜찮은데 움직일 수가 없어요.

☐ ☐ ☐

앞에서 배운 대화 내용입니다. 빈 칸을 채워보세요. 기억이 잘 안 난다고요? 녹음이 있잖아요. 녹음을 듣고 써보세요 . 정답은 각 유닛에서 확인하세요.

01 A: ______________________________?
Qǐngwèn zhè shì shénme dìfang

B: 这里是王府井大街。
Zhèli shì Wángfǔjǐng dàjiē

이곳은 어디입니까?
이곳은 왕푸징 거리입니다.

02 A: 师傅，______________________。
Shīfu, qù Běijīng fàndiàn

B: 好的，你要走哪条路?
Hǎode, nǐ yào zǒu nǎ tiáo lù

기사님, 베이징호텔로 가주세요.
네, 어떤 길로 갈까요?

03 A: ______________________________?
Qù Qiánmén yào zuò jǐ lù chē

B: 没有直达的，要倒车。
Méiyǒu zhídá de, yào dǎochē

치엔먼까지 몇 번 버스가 가죠?
직접 가는 버스는 없고 환승해야 해요.

04 A: 从这里到西直门怎么走?
Cóng zhèli dào Xīzhímén zěnme zǒu

B: 坐地铁吧，______________________。
Zuò dìtiě ba, dìtiě zuì kuài

여기서 시즈먼까지 어떻게 가죠?
지하철을 타세요, 지하철이 제일 빨라요.

05 A: 去北京的列车有座位吗?
Qù Běijīng de lièchē yǒu zuòwèi ma

B: 有，______________________?
Yǒu, nǐ yào jǐ zhāng

베이징까지 가는 열차표 있나요?
있습니다. 몇 장 필요합니까?

06 A: 您的行李超重了。
Nín de xíngli chāozhòng le

B: ____________________?
Yào fù duōshao qián

수화물 중량이 초과됐습니다.
얼마를 내야 하죠?

07 A: ____________________。
Wǒ xiǎng zūjiè yíliàng qìchē

B: 您要什么型的车?
Nín yào shénme xíng de chē

차 한 대 렌트하고 싶은데요.
어떤 차종을 원하십니까?

08 A: ____________________?
Nǐ huì kāichē ma

B: 我拿到了驾驶执照。
Wǒ nádào le jiàshǐzhízhào

운전할 줄 알아요?
운전면허증 땄어요.

09 A: 我要去颐和园, ____________________。
Wǒ yào qù Yíhéyuán, kěshì wǒ mílù le

B: 不好意思, 我也不是本地人。
Bùhǎoyìsi, wǒ yě búshì běndìrén

이화원에 가려고 하는데 길을 잃었어요.
미안합니다, 저도 여기 사람이 아니에요.

10 A: ____________________?
Nǐ méi shì ba

B: 我没事, 可是一动也动不了了。
Wǒ méi shì, kěshì yídòng yě dòng bùliǎo le

괜찮으세요?
전 괜찮은데 움직일 수가 없어요.

EVERYDAY

Part 06

외식

중국어

학습일 ／ □

Unit 01

식당을 찾을 때

Mini Talk

A: 你喜欢吃中国菜吗?

Nǐ xǐhuān chī zhōngguócài ma

니 시후안 츠 종구어차이 마

중국요리를 좋아하세요?

B: 我很喜欢吃中国菜。

Wǒ hěn xǐhuān chī zhōngguócài

워 헌 시후안 츠 중구어차이

전 중국요리를

아주 즐겨 먹습니다.

Check Point!

여행을 하다 보면 먹거리의 즐거움을 빼놓을 수 없습니다. 대도시를 제외하곤 한국식당을 찾기란 그리 쉽지 않은데 크게 비위가 상하지 않으면 될 수 있는 한 그 나라의 전통적인 음식을 맛보면서 다양한 먹거리를 체험해 보는 것도 좋습니다. 근처에 한국음식점이 있는지를 물을 때는 这附近有韩式餐厅吗(Zhè fùjìn yǒu hánshì cāntīng ma)?라고 하면 됩니다.

Basic Expression

저기요, 이 근처에 괜찮은 식당 좀 알려 주시겠어요?

请问，这儿附近有没有好一点的餐厅?

Qǐngwèn, zhèr fùjìn yǒu méiyǒu hǎo yìdiǎn de cāntīng

칭원, 절 푸진 여우 메이여우 하오 이디엔 더 찬팅

여기 명물요리를 먹고 싶은데요.

我很想尝尝本地的风味。

Wǒ hěn xiǎng chángcháng běndì de fēngwèi

워 헌 시앙 창창 번띠 더 펑웨이

이 근처에 한식점이 있습니까?

这附近有韩式餐厅吗?

Zhè fùjìn yǒu hánshì cāntīng ma

저 푸진 여우 한스 찬팅 마

별로 안 비싼 식당이 좋겠는데요.

最好是便宜一点的餐厅。

Zuìhǎo shì piányi yìdiǎn de cāntīng

쭈이하오 스 피엔이 이디엔 더 찬팅

조용한 분위기의 식당이 좋겠는데요.

我喜欢比较安静的餐厅。

Wǒ xǐhuan bǐjiào ānjìng de cāntīng

워 시후안 비쟈오 안징 더 찬팅

사람이 많은 식당이 좋겠는데요.

我喜欢热闹一点的餐厅。

Wǒ xǐhuān rènao yìdiǎn de cāntīng

워 시후안 르나오 이디엔 더 찬팅

---

01 대화 다시듣기

□ □ □

A: 중국요리를 좋아하세요?

B: 전 중국요리를 아주 즐겨 먹습니다.

학습일 / ☐

Unit

02 식당 예약

Mini Talk

A: 你们那儿可以预定吗?

Nǐmen nàr kěyǐ yùdìng ma

니먼 날 커이 위띵 마

예약할 수 있나요?

B: 对不起，今天已经订满了。

Duìbuqǐ, jīntiān yǐjīng dìng mǎn le

뚜이부치, 진티엔 이징 띵 만 러

미안합니다. 오늘밤은

예약이 끝났습니다.

Check Point!

중국음식은 모든 사람이 부담감 없이 먹을 수 있습니다. 중국어로 식당은 饭馆(fànguǎn) 또는 饭店(fàndiàn)이라고 합니다. 고급음식점부터 분식집 같은 작은 식당, 도시락이나 덮밥 등 간단한 음식을 포장해주는 길거리 음식점까지 다양합니다. 규모가 큰 음식점에서는 넓은 홀보다 작은방 包间(bāojiān)을 이용하면 조용하고 편하게 주문해서 먹을 수 있습니다.

Basic Expression

예약을 하고 싶은데, 빈자리가 있나요?

我要预定，有空席吗?

Wǒ yào yùdìng, yǒu kòngxí ma

워 야오 위띵, 여우 콩시 마

룸으로 예약할게요.

我要预定包房。

Wǒ yào yùdìng baōfáng

워 야오 위띵 빠오팡

창가 테이블로 주세요.

我要预定靠近窗户的餐桌。

Wǒ yào yùdìng kàojìn chuānghu de cānzhuō

워 야오 위띵 카오진 추앙후 더 찬주어

몇 테이블 예약하시겠습니까?

您要预定几桌?

Nín yào yùdìng jǐ zhuō

닌 야오 위띵 지 쭈주어

세트메뉴로 예약할게요.

我要预定套餐。

Wǒ yào yùdìng tàocān

워 야오 위띵 타오찬

성함과 전화번호를 말씀해 주십시오.

请告诉我您的姓名和电话号吗?

Qǐng gàosu wǒ nín de xìngmíng hé diànhuàhào ma

칭 까오쑤 워 닌 더 싱밍 허 띠엔후아하오 마

---

02 대화 다시듣기

□□□

A: 예약할 수 있나요?

B: 미안합니다. 오늘밤은 예약이 끝났습니다.

학습일 /

Unit

03 자리에 앉을 때까지

Mini Talk

A: 我没有预定，有空桌吗?

Wǒ méiyǒu yùdìng, yǒu kōngzhuō ma

워 메이여우 이띵, 여우 콩주어 마

예약을 안 했는데, 자리는 있나요?

B: 有，请跟我来。

Yǒu, qǐng gēn wǒ lái

여우, 칭 껀 워 라이

있습니다.

이쪽으로 오십시오.

Check Point!

여행 중에 찾아오는 공복을 해결하기 위해 원하는 식당을 찾아갔는데 자리가 다 찼거나 줄을 서서 기다리는 상황이라면 입구에서 기다렸다 종업원의 안내에 따라 자리에 앉으면 됩니다. 그렇지 않은 식당이라면 일단 들어가서 자리에 앉습니다. 만약 미리 예약을 하고 식당에 왔다면 점원에게 이름을 말하면 시간과 인원을 확인한 후 친절하게 안내해줄 겁니다.

Basic Expression

어서 오십시오. 예약은 하셨습니까?

欢迎光临，您预定了吗？

Huānyíng guānglín, nín yùdìng le ma

후안잉 꾸앙린, 닌 위띵 러 마

죄송합니다만, 자리가 다 찼습니다.

对不起，已经客满了。

Duìbuqǐ, yǐjīng kè mǎn le

뚜이부치, 이징 커 만 러

얼마나 기다려야 하죠?

要等多长时间？

Yào děng duōcháng shíjiān

야오 덩 뚜어창 스지엔

빈 좌석이 있습니다. 이쪽으로 오십시오.

还有空桌，请跟我来。

Háiyǒu kòngzhuō, qǐng gēn wǒ lái

하이여우 콩주어, 칭 껀 워 라이

지금은 자리가 다 차서 좌석이 없습니다.

现在已经满了，没有空桌。

Xiànzài yǐjīng mǎn le, méiyǒu kòngzhuō

시엔짜이 이징 만 러, 메이여우 콩주어

창가 쪽 좌석으로 주세요.

我要靠近窗户的位子。

Wǒ yào kàojìn chuānghu de wèizi

워 야오 카오진 추앙후 더 웨이쯔

---

03 대화 다시듣기

A: 예약을 안 했는데, 자리는 있나요?

B: 있습니다. 이쪽으로 오십시오.

□ □ □

학습일 /

Unit

04 메뉴를 볼 때

Mini Talk

A: 我先看菜单，菜单在哪里?

Wǒ xiān kàn caìdān, caìdān zài nǎlǐ

워 시엔 칸 차이딴, 차이딴 짜이 나리

먼저 메뉴를 보여주세요. 메뉴판이 어디 있죠?

B: 菜单在这里，给您。

Caìdān zài zhèlǐ, gěi nín

차이딴 짜이 저리, 게이 닌

메뉴는 여기 있습니다.

Check Point!

중국요리는 메뉴에 있는 이름을 읽기도 어려운데 직원에게 제일 잘 하는 요리를 물어보면 추천해줍니다. 이런 요리를 拿手菜(náshǒucài)나 招牌菜(zhāopáicài)라고 합니다. 인원수에 맞추어 고기요리와 생선요리를 주문하고 탕과 밥을 주문합니다. 또 식사와 함께 음료나 술을 같이 마시고 별도로 주문하지 않아도 뜨거운 차를 계속 마실 수 있습니다.

Basic Expression

손님, 주문하시겠습니까?

先生，请您点菜。

Xiānshēng, qǐng nín diǎncài

시엔성, 칭 닌 디엔차이

주문할게요.

我要点菜。

Wǒ yào diǎncài

워 야오 디엔차이

메뉴판 좀 줄래요?

请给我菜单。

Qǐng gěi wǒ caìdān

칭 게이 워 차이딴

좀 있다가 주문할게요.

等一会儿再点。

Děng yíhuìr zài diǎn

덩 이후알 짜이 디엔

지금 주문하시겠습니까?

您现在就点吗?

Nín xiànzài jiù diǎn ma

닌 시엔짜이 지우 디엔 마

다 온 다음에 주문할게요.

等都来了再点。

Děng dōu lái le zàidiǎn

덩 떠우 라이 러 짜이디엔

---

04 대화 다시듣기

A: 먼저 메뉴를 보여주세요. 메뉴판이 어디 있죠? □ □ □

B: 메뉴는 여기 있습니다.

학습일 /

Unit

05 주문할 때

Mini Talk

A: 这道菜要怎么做呢?

Zhè dào cài yào zěnme zuò ne

저 따오 차이 야오 쩐머 쭈어 너

이 요리는 어떻게 해드릴까요?

B: 我喜欢烤得熟一点。

Wǒ xǐhuan kǎo de shú yìdiǎn

워 시후안 카오 더 수 이디엔

전 완전히 구운 것을 좋아해요.

Check Point!

말이 잘 통하지 않더라도 대부분의 식당이 메뉴와 함께 그 요리에 관한 사진이 있으므로 메뉴를 보면 그 요리 내용을 대충 알 수 있습니다. 메뉴를 보고 싶을 때는 종업원에게 请给我看一下菜单(Qǐnggěi wǒ kàn yí xià càidān)이라고 합니다. 메뉴에 있는 요리를 알고 싶을 때 这是什么菜(Zhè shì shénme cài)?라고 물으면 종업원은 친절하게 설명해줍니다.

Basic Expression

어떤 요리를 주문하겠습니까?

您要点什么菜?

Nín yào diǎn shénme cài

닌 야오 디엔 선머 차이

어느 게 괜찮아요?

点哪个好?

Diǎn nǎge hǎo

디엔 나거 하오

이곳 명물요리는 있나요?

有本地名菜吗?

Yǒu běndì míngcài ma

여우 번띠 밍차이 마

여기서 제일 잘하는 요리는 뭔가요?

你们这儿最拿手的菜是什么?

Nǐmen zhèr zuì náshǒu de cài shì shénme

니먼 절 쭈이 나셔우 더 차이 쓰 선머

이건 무슨 요리죠?

这是什么菜?

Zhè shì shénme cài

저 스 선머 차이

이 요리 특색은 뭔가요?

这是什么风味的菜?

Zhè shì shénme fēngwèi de cài

저 스 선머 펑웨이 더 차이

05 대화 다시듣기

A: 이 요리는 어떻게 해드릴까요? □□□

B: 전 완전히 구운 것을 좋아해요.

학습일 /

Unit
06 식당에서의 트러블

Mini Talk

A: 先生，您有什么事?
Xiānshēng, nín yǒu shénme shì
시엔셩, 닌 여우 선머 스
손님, 무슨 일이십니까?

B: 你搞错了，我们没点这个菜。
Nǐ gǎocuò le, wǒmen méi diǎn zhège cài
니 가오추어 러, 워먼 메이 디엔 저거 차이
잘못 나온 것 같아요. 이 요리는 주문하지 않았는데요.

Check Point!

많은 사람들로 식당이 붐빌 때는 가끔 종업원들로 헷갈리는 경우가 있습니다. 예를 들어 한참 기다려도 요리가 나오지 않을 때는 我们点的菜什么时候来(Wǒmen diǎn de cài shénmeshíhòu lái)?라고 해보십시오. 또한 주문하지도 않은 요리가 나왔을 때는 这不是我们点的菜(Zhè búshì wǒmen diǎn de cài)라고 말하면 됩니다.

Basic Expression

우리가 주문한 요리는 언제 나와요?

我们点的菜什么时候来?

Wǒmen diǎn de cài shénmeshíhòu lái

워먼 디엔 더 차이 선머스허우 라이

이건 우리가 주문한 요리가 아닌데요.

这不是我们点的菜。

Zhè búshì wǒmen diǎn de cài

저 부스 워먼 디엔 더 차이

아직 요리가 한 가지 안 나왔는데요.

还有一道菜没上。

Háiyǒu yídào cài méi shàng

하이여우 이따오 차이 메이 상

주문한 요리를 바꾸고 싶은데요.

我想换我们点的菜。

Wǒ xiǎng huàn wǒmen diǎn de cài

워 시앙 후안 워먼 디엔 더 차이

냄새가 이상해요. 상한 거 아닌가요?

味道奇怪，是不是变质了?

Wèidào qíguài, shì búshì biànzhì le

웨이따오 치꽈이, 스 부스 삐엔즈 러

이 고기는 덜 익은 것 같은데요.

这肉好象没熟透。

Zhè ròu hǎoxiàng méi shútòu

저 러우 하오시앙 메이 수터우

---

06 대화 다시듣기

A: 손님, 무슨 일이십니까?

B: 잘못 나온 것 같아요. 이 요리는 주문하지 않았는데요.

학습일 /

Unit 07

식사를 하면서

Mini Talk

A: 能再帮我加一些茶水吗?

Néng zài bāng wǒ jiā yìxiē cháshuǐ ma

넝 짜이 빵 워 지아 이시에 차수이 마

찻물 좀 더 따라주세요.

B: 当然可以，您稍等。

Dāngrán kěyǐ, nín shāo děng

땅란 커이, 닌 사오 덩

알겠습니다.

잠시만 기다리십시오.

Check Point!

중국의 먹을 거리 문화는 세계적으로 유명합니다. 지역별로 재료와 맛의 차이가 독특하고 특유의 향료를 사용하기도 하지만, 출장자들이 며칠 보내며 식사를 해결하는 데는 거의 문제가 없습니다. 외국인 투자 증가와 유동인구의 증가로 한식, 일식 등 다양한 식당이 속속 생겨나고 있어 대도시의 경우 전 세계 다양한 음식을 중국에서 찾을 수 있습니다.

Basic Expression

접시 하나 주세요.

我要一个碟子。

Wǒ yào yígè diézi
워 야오 이꺼 디에즈

젓가락을 바꾸어주세요.

我要换一双筷子。

Wǒ yào huàn yìshuāng kuàizi
워 야오 후안 이수앙 콰이즈

젓가락 하나 더 주세요.

请再拿一双筷子。

Qǐng zài ná yìshuāng kuàizi
칭 짜이 나 이수앙 콰이즈

밥 한 공기 더 주세요.

再来一碗米饭。

Zài lái yìwǎn mǐfàn
짜이 라이 이완 미판

물 한 컵 갖다줄래요?

来一杯水可以吗?

Lái yìbēi shuǐ kěyǐ ma
라이 이뻬이 수이 커이 마

티슈 좀 갖다 주세요.

请给我拿餐巾纸。

Qǐng gěi wǒ ná cānjīnzhǐ
칭 게이 워 나 찬진즈

---

07 대화 다시듣기

A: 찻물 좀 더 따라주세요.
B: 알겠습니다. 잠시만 기다리십시오.

□ □ □

학습일 / □

Unit 08

음식맛의 표현

Mini Talk

A: 味道怎么样?

Wèidao zěnmeyàng

웨이다오 쩐머양

맛이 어때요?

B: 很好吃。

Hěn hǎochī

헌 하오츠

아주 맛있네요.

Check Point!

음식맛을 물을 때는 味道怎么样(Wèidao zěnmeyàng)?라고 합니다. 만약 음식이 맛있다면 很好吃(Hěn hǎochī)라고 하며, 반대로 맛이 없을 때는 不好吃(bù hǎochī)라고 하면 됩니다. 중국식당에 가면 참으로 다양한 요리가 나옵니다. 입맛을 나타내는 단어로는 甜(tián 달다), 酸(suān 시다), 苦(kǔ 쓰다), 咸(xián 짜다), 辣(là 맵다) 등이 있습니다.

Basic Expression

맛이 어때요?

味道怎么样?

Wèidao zěnmeyàng

웨이다오 쩐머양

맛이 없네요.

不好吃。

bù hǎochī

뿌 하오츠

이 요리 맛 좀 보세요.

请尝尝这道菜。

Qǐng chángcháng zhè dao cài

칭 창창 저 다오 차이

이 요리는 아주 맛있네요.

这道菜很香。

Zhè dao cài hěn xīang

저 다오 차이 헌 시앙

보기만 해도 군침이 도네요.

看着我都流口水了。

Kànzhe wǒ dōu liúkǒushuǐ le

칸저 워 떠우 리우커우수이 러

냄새를 맡아보세요. 아주 향기로워요.

你也闻一下，很香。

Nǐ yě wén yíxià, hěn xīang

니 예 원 이시아, 헌 시앙

---

08 대화 다시듣기

A: 맛이 어때요?

B: 아주 맛있네요.

☐ ☐ ☐

학습일 /

Unit

09 식당에서의 계산

Mini Talk

A: 服务员，买单。有单据吗?

Fúwùyuán, mǎi dān. Yǒu dānjù ma

푸우위엔, 마이 딴. 여우 딴쥐 마

종업원, 계산합시다. 계산서는요?

B: 有，给你。

Yǒu, gěi nǐ

여우, 게이 니

여기 있습니다.

Check Point!

드디어 식사가 끝나면 손을 들어서 종업원(服务员 Fúwùyuán)을 불러 我要结帐(Wǒ yào jiézhàng)이라고 계산서를 부탁하거나, 계산을 어디서 하는지 물을 때는 在哪儿结帐(Zài nǎr jiézhàng)?이라고 말하면 됩니다. 음식값이 모두 얼마 나왔는지 물을 때는 一共多少钱(Yígòng duōshǎo qián)?이라고 하며, 자신이 계산할 때는 我来付钱(Wǒ lái fùqián)이라고 합니다.

계산 좀 할게요.

我要结帐。

Wǒ yào jiézhàng
워 야오 지에장

계산은 어디서 하죠?

在哪儿结帐?

Zài nǎr jiézhàng
짜이 날 지에장

모두 얼마예요?

一共多少钱?

Yígòng duōshǎo qián
이꽁 뚜어사오 치엔

여기에 사인하십시오.

请您在这儿签字。

Qǐng nín zài zhèr qiānzì
칭 닌 짜이 절 치엔쯔

영수증을 주세요.

请给我开发票。

Qǐng gěi wǒ kāi fāpiào
칭 게이 워 카이 파퍄오

제가 계산할게요.

我来付钱。

Wǒ lái fùqián
워 라이 푸치엔

---

09 대화 다시듣기

☐ ☐ ☐

A: 종업원, 계산합시다. 계산서는요?

B: 여기 있습니다.

학습일 /

Unit

10 술을 마실 때

Mini Talk

A: 您要什么酒啊?

Nín yào shénme jiǔ a

닌 야오 선머 지우 아

어떤 술을 드시겠습니까?

B: 就来啤酒吧，还有什么下酒菜?

Jiù lái píjiǔ bā, háiyǒu shénme xiàjiǔcài

지우 라이 피지우 빠,

하이여우 선머 시아지우차이

맥주로 주세요. 그리고

안주는 뭐가 있죠?

Tip

Check Point!

중국어로 '건배'는 干杯(gānbēi)라고 합니다. 글자 그대로 잔을 비운다는 뜻인데 来, 干一杯 (lái, gān yì bēi)라고 하면 '자, 한 잔 마셔요'의 의미입니다. 건배를 제의할 때는 为了~, 干杯(wèi le~, gānbēi)!라고 하는데 '~을 위하여, 건배!'의 뜻입니다. 보통의 경우 잔을 비우지 않고 술을 남겨두면 다른 사람들이 억지로 마시라고 강요하지 않습니다.

Basic Expression

식사 전에 한 잔 하시죠?

饭前喝一杯吧。

Fànqián hē yìbēi ba

판치엔 허 이뻬이 바

술 종류 좀 볼까요?

看一下酒水单吧。

Kàn yíxià jiǔshuǐdān ba

칸 이시아 지우수이딴 바

저는 콩푸쟈주를 마시고 싶군요.

我想喝孔府家酒。

Wǒ xiǎng hē Kǒngfǔjiājiǔ

워 시앙 허 콩푸지아지우

맥주 한 병 더 주세요.

再来一瓶啤酒。

Zài lái yìpíng píjiǔ

짜이 라이 이핑 피지우

이 맥주를 찬 것으로 바꾸어주세요.

把这啤酒换成冰镇的。

Bǎ zhè píjiǔ huànchéng bīngzhèn de

바 저 피지우 후안청 삥전 더

어떤 종류의 안주가 있나요?

都有什么下酒菜?

Dōu yǒu shénme xiàjiǔcài

떠우 여우 선머 시아지우차이

10 대화 다시듣기

A: 어떤 술을 드시겠습니까?

B: 맥주로 주세요. 그리고 안주는 뭐가 있죠?

앞에서 배운 대화 내용입니다. 빈 칸을 채워보세요. 기억이 잘 안 난다고요? 녹음이 있잖아요. 녹음을 듣고 써보세요 . 정답은 각 유닛에서 확인하세요.

01 A: 你喜欢吃中国菜吗?
Nǐ xǐhuān chī zhōngguócài ma

B: ______________________________。
Wǒ hěn xǐhuān chī zhōngguócài

중국요리를 좋아하세요?
전 중국요리를 아주 즐겨 먹습니다.

02 A: ______________________________?
Nǐmen nàr kěyǐ yùdìng ma

B: 对不起，今天已经订满了。
Duìbuqǐ, jīntiān yǐjīng dìng mǎn le

예약할 수 있나요?
미안합니다. 오늘밤은 예약이 끝났습니다.

03 A: 我没有预定，____________________?
Wǒ méiyǒu yùdìng, yǒu kōngzhuō ma

B: 有，请跟我来。
Yǒu, qǐng gēn wǒ lái

예약을 안 했는데, 자리는 있나요?
있습니다. 이쪽으로 오십시오.

04 A: 我先看菜单，____________________?
Wǒ xiān kàn caìdān, caìdān zài nǎlǐ

B: 菜单在这里，给您。
Caìdān zài zhèlǐ, gěi nín

먼저 메뉴를 보여주세요. 메뉴판이 어디 있죠?
메뉴는 여기 있습니다.

05 A: 这道菜要怎么做呢?
Zhè dào cài yào zěnme zuò ne

B: ______________________________。
Wǒ xǐhuan kǎo de shú yidiǎn

이 요리는 어떻게 해드릴까요?
전 완전히 구운 것을 좋아해요.

06 A: 先生，您有什么事?
Xiānshēng, nín yǒu shénme shì

B: 你搞错了，________________。
Nǐ gǎocuò le, wǒmen méi diǎn zhège cài

손님, 무슨 일이십니까?
잘못 나온 것 같아요. 이 요리는 주문하지 않았는데요.

07 A: ________________________?
Néng zài bāng wǒ jiā yìxiē cháshuǐ ma

B: 当然可以，您稍等。
Dāngrán kěyǐ, nín shāo děng

찻물 좀 더 따라주세요.
알겠습니다. 잠시만 기다리십시오.

08 A: ______________?
Wèidao zěnmeyàng

B: 很好吃。
Hěn hǎochī

맛이 어때요?
아주 맛있네요.

09 A: 服务员，________。________?
Fúwùyuán, mǎi dān. Yǒu dānjù ma

B: 有，给你。
Yǒu, gěi nǐ

종업원, 계산합시다. 계산서는요?
여기 있습니다.

10 A: __________________?
Nín yào shénme jiǔ a

B: 就来啤酒吧，还有什么下酒菜?
Jiù lái píjiǔ bā, háiyǒu shénme xiàjiǔcài

어떤 술을 드시겠습니까?
맥주로 주세요. 그리고 안주는 뭐가 있죠?

EVERYDAY

Part 07

쇼핑

중국어

학습일 /

Unit

01 가게를 찾을 때

Mini Talk

A: 这个城市的购物街在哪里?

Zhège chéngshì de gòuwùjiē zài nǎli

저거 청스 더 꺼우우지에 짜이 나리

이 도시의 쇼핑가는 어디에 있습니까?

B: 很多呀。不过南京东路最热闹。

Hěn duō ya. Búguò Nánjīngdōnglù zuì rènao

헌 뚜어 야. 부꾸어

난징똥루 쭈이 르어나오

많아요. 그런데

난징똥루가 가장 번화하죠.

Tip

Check Point!

해외여행을 하면서 쇼핑은 자국에서는 한 번도 접해보지 못한 물건들을 볼 수 있는 행운도 있고, 또한 그 나라의 특성을 잘 나타내는 특산품을 구경할 수 있는 재미도 있습니다. 특히 현대식 백화점 같은 곳이 아닌 그 나라의 특성이 잘 나타나 있는 재래시장에서의 쇼핑은 비용도 적게 들뿐만 아니라 그 나라의 생활상을 엿볼 수 있는 좋은 기회가 될 것입니다.

Basic Expression

이 도시의 쇼핑가는 어디에 있죠?

这个城市的购物街在哪里?

Zhège chéngshì de gòuwùjiē zài nǎli

저거 청스 더 꺼우우지에 짜이 나리

선물은 어디서 살 수 있죠?

在哪儿可以买到礼物?

Zài nǎr kěyǐ mǎidào lǐwù

짜이 날 커이 마이따오 리우

면세점은 있나요?

有免税店吗?

Yǒu miǎnshuìdiàn ma

여우 미엔수이띠엔 마

이 주변에 백화점은 있나요?

这附近有百货商店吗?

Zhè fùjìn yǒu bǎihuòshāngdiàn ma

저 푸진 여우 바이후어상띠엔 마

편의점을 찾고 있는데요.

我在找便利店。

Wǒ zài zhǎo biànlìdiàn

워 짜이 자오 삐엔리띠엔

이 주변에 할인점은 있나요?

这附近有没有超市?

Zhè fùjìn yǒu méiyǒu chāoshì

저 푸진 여우 메이여우 차오스

---

01 대화 다시듣기

A: 이 도시의 쇼핑가는 어디에 있습니까?

B: 많아요. 그런데 난징똥루가 가장 번화하죠.

학습일 ／ □

Unit

02 쇼핑센터에서

Mini Talk

A: 请问，这附近有百货商店吗?

Qǐngwèn, zhè fùjìn yǒu bǎihuòshāngdiàn ma

칭원, 저 푸진 여우 바이후어상띠엔 마

실례지만, 이 근처에 백화점이 있습니까?

B: 邮局对面就有一家百货商店。

Yóujú duìmiàn jiù yǒu yìjiā bǎihuòshāngdiàn

여우쥐 뚜이미엔 지우 여우

이지아 바이후어상띠엔

우체국 맞은편에

백화점이 하나 있습니다.

Check Point!

중국여행의 선물로 인기가 있는 품목은 주로 보이차 등의 전통차와 마오타이주 같은 술 종류와 요리할 때 쓰는 향신료나 소스 등이 있으며, 골동품 등의 전통공예품을 들 수 있습니다. 이러한 품목들은 각지의 전문점은 물론, 백화점에서도 쉽게 구입할 수 있습니다. 여행에서 쇼핑도 빼놓을 수 없는 즐거움의 하나입니다. 꼭 필요한 품목은 미리 계획을 세워 충동구매를 피하도록 합시다.

엘리베이터는 어디서 타죠?

在哪儿坐电梯?

Zài nǎr zuò diàntī
짜이 날 쭈어 띠엔티

안내소는 어디에 있죠?

咨询处在哪儿?

Zīxúnchù zài nǎr
쯔쉰추 짜이 날

문방구 매장을 찾는데요.

我找文具柜台。

Wǒ zhǎo wénjù guìtái
워 자오 원쥐 꾸이타이

전기용품은 몇 층에서 팔죠?

电器产品在几楼卖?

Diànqì chǎnpǐn zài jǐ lóu mài
띠엔치 찬핀 짜이 지 러우 마이

신용카드는 사용할 수 있나요?

可以用信用卡吗?

Kěyǐ yòng xìnyòngkǎ ma
커이 용 신용카 마

세일은 언제 시작했죠?

打折什么时候开始的?

Dǎzhé shénmeshíhou kāishǐ de
다저 선머스허우 카이스 더

---

02 대화 다시듣기

□ □ □

A: 실례지만, 이 근처에 백화점이 있습니까?
B: 우체국 맞은편에 백화점이 하나 있습니다.

Unit

03 물건을 찾을 때

Mini Talk

A: 买什么礼物合适呢?

Mǎi shénme lǐwù héshì ne

마이 선머 리우 허스 너

어떤 선물을 사면 적당할까요?

B: 茶或酒类怎么样?

Chá huò jiǔlèi zěnmeyàng

차 후어 지우레이 쩐머양

차나 술은 어떠세요?

Check Point!

중국에 가면 가족이나 동료들을 위해 선물을 준비하곤 합니다. 보통 차나 술, 장식품을 사오는데 어디서 사야할지 고민일 때가 많습니다. 거리를 지나다보면 전통차를 전문으로 파는 체인점 형식의 찻집이 있는데 이곳에 가면 전통차를 시음할 수도 있고 비교적 믿을 수 있는 제품을 살 수 있습니다. 가게에 들어서면 점원이 您想买点什么(Nín xiǎng mǎidiǎn shénme)?라고 묻습니다.

Basic Expression

무엇을 찾으십니까?

您想买点什么?

Nín xiǎng mǎi diǎn shénme

닌 시앙 마이 디엔 선머

구경 좀 하고 있어요.

不买什么，只是看看。

Bù mǎi shénme, zhǐshì kànkan

뿌 마이 선머, 즈스 칸칸

여기 잠깐 봐 주시겠어요?

请过来一下。

Qǐng guòlái yíxià

칭 꾸어라이 이시아

이것 좀 보여주세요.

请给我看看这个。

Qǐng gěi wǒ kànkan zhège

칭 게이 워 칸칸 저거

차를 사고 싶은데요.

我想买点儿茶叶。

Wǒ xiǎng mǎi diǎnr cháyè

워 시앙 마이 디알 차예

이것과 같은 건 있어요?

有和这个一样的吗?

Yǒu hé zhège yíyàng de ma

여우 허 저거 이양 더 마

03 대화 다시듣기

☐ ☐ ☐

A: 어떤 선물을 사면 적당할까요?

B: 차나 술은 어떠세요?

학습일 /

Unit

04 물건을 고를 때

Mini Talk

A: 你决定买哪个了吗?

Nǐ juédìng mǎi nǎge le ma

니 쥐에띵 마이 나거 러 마

어떤 걸로 살지 결정했어요?

B: 还没决定。

Hái méi juédìng

하이 메이 쥐에띵

아직 결정 못했어요.

Check Point!

옷이나 신발 등 몸에 착용하는 물건을 고를 때 '입어 봐도 될까요?'라고 물어 보려면 可以试一下吗(kěyǐ shì yíxià ma)?라고 합니다. 피팅룸은 试衣室(shìyīshì)이라고 합니다. 옷은 신장과 허리둘레 등 자세한 치수가 기록되어 있어 고르기 쉽게 되어 있습니다. 가격 할인이 打七折(dǎ qī zhé)라고 하면 30%를 할인해서 정상가격의 70%만 받는다는 의미입니다.

다른 스타일은 있습니까?

有没有别的款式?

Yǒu méiyǒu biéde kuǎnshì

여우 메이여우 비에더 쿠안스

이것보다 작은 것 있나요?

有没有比这个小的?

Yǒu méiyǒu bǐ zhège xiǎo de

여우 메이여우 비 저거 샤오 더

만져 봐도 됩니까?

摸摸看可以吗?

Mōmō kàn kěyǐ ma

모어모어 칸 커이 마

좀 싼 것은 없습니까?

有便宜一点儿的吗?

Yǒu piányi yìdiǎnr de ma

여우 피엔이 이디알 더 마

이것은 진짜 맞습니까?

这是不是真的?

Zhè shì búshì zhēn de

저 스 부스 전 더

이것으로 하겠습니다.

我要这个。

Wǒ yào zhège

워 야오 저거

04 대화 다시듣기

□ □ □

A: 어떤 걸로 살지 결정했어요?

B: 아직 결정 못했어요.

학습일 / □

Unit

05 물건값을 흥정할 때

Mini Talk

A: 太贵了，便宜一点儿吧。

Tāi guì le, piányì yìdiǎnr ba

타이 꾸이 러, 피엔이 이디알 바

너무 비싸요, 조금 깎아주세요.

B: 真是对不起，不能降价的。

Zhēn shì duìbuqǐ, bùnéng jiàng jià de

전 스 뚜이부치, 뿌넝 지앙 지아 더

정말 죄송한데 가격을
낮출 수 없습니다.

Tip

Check Point!

정찰제로 운영하는 가게는 가격을 흥정하기 어렵지만, 할인점이나 시장 등에서는 가능합니다. 가격이 비쌀 경우에는 太贵了(Tāi guì le), 조금 깎아달고 할 때는 便宜一点儿吧(Piányì yìdiǎnr ba)라고 말해보십시오. 더 싼 물건을 찾을 때는 有更便宜的吗(Yǒu gèng piányi de ma)?라고 하며, 값을 깎아주면 사겠다고 할 때는 便宜点就買买(Piányi diǎn jiù mǎi)라고 흥정하면 됩니다.

Basic Expression

좀 싸게 주실 수 없나요?

价钱能不能便宜点?

Jiàqián néng bùnéng piányi diǎn

지아치엔 넝 뿌넝 피엔이 디엔

조금만 더 싸면 제가 살게요.

再便宜点儿我就买了。

Zài piányi diǎnr wǒ jiù mǎi le

짜이 피엔이 디알 워 지우 마이 러

조금만 더 싸게 해주세요.

再让一点儿价钱吧。

Zài ràng yìdiǎnr jiàqián ba

짜이 랑 이디알 지아치엔 바

가격이 좀 비싼 것 같은데요.

我觉得价格有点高。

Wǒ juéde jiàgé yǒudiǎn gāo

워 쥐에더 지아거 여우디엔 까오

너무 비싸요, 더 깎아주세요.

太贵了，再便宜点儿吧。

Tài guì le, zài piányi diǎnr ba

타이 꾸이 러, 짜이 피엔이 디알 바

여기는 정찰제입니다.

这里不讲价。

Zhèli bù jiǎngjià

저리 뿌 지앙지아

---

05 대화 다시듣기

□ □ □

A: 너무 비싸요, 조금 깎아주세요.

B: 정말 죄송한데, 가격을 낮출 수 없습니다.

학습일 /

Unit

06 물건값을 계산할 때

Mini Talk

A: 我觉得好像是算多了。

Wǒ juéde hǎoxiàng shì suàn duō le

워 쥐에더 하오시앙 스 쑤안 뚜어 러

계산이 많이 나온 것 같아요.

B: 是吗? 请稍等一会儿。我确认一下。

Shì ma? Qǐng shāo děng yíhuìr. Wǒ quèrèn yíxià

스 마? 칭 사오 덩 이후알. 워 취에런 이시아

그래요? 잠시만요.

확인해볼게요.

Check Point!

중국인들은 물건을 살 때 비슷한 물건을 파는 상점을 세 곳 이상 돌아보고 가격을 비교한 다음 결정한다고 합니다. 물건 값을 흥정하는 것을 讨价还价(tǎojiàhuánjià)라고 하는데 값을 깎기 위해 구차하게 언쟁하는 것이 아니라 물건을 사는 과정에서 재미를 느낄 수 있는 자연스러운 생활의 일부입니다. 얼마인지를 물을 때는 多少钱(Duōshǎo qián)?이라고 합니다.

Basic Expression

어디서 계산하죠?

在哪儿付钱?

Zài nǎr fùqián

짜이 날 푸치엔

여기서 계산합니까?

在这儿付钱吗?

Zài zhèr fùqián ma

짜이 절 푸치엔 마

얼마예요?

多少钱?

Duōshǎo qián

뚜어사오 치엔

모두 얼마예요?

一共多少钱?

Yīgòng duōshǎo qián

이꽁 뚜어사오 치엔

신용카드로 계산해도 되나요?

可以用信用卡付钱吗?

Kěyǐ yòng xìnyòngkǎ fùqián ma

커이 용 신용카 푸치엔 마

영수증을 주세요.

请开一张发票。

Qǐng kāi yìzhāng fāpiào

칭 카이 이장 파퍄오

---

06 대화 다시듣기

□ □ □

A: 계산이 많이 나온 것 같아요.

B: 그래요? 잠시만요. 확인해볼게요.

학습일 /

Unit

07 포장이나 배달을 원할 때

Mini Talk

A: 我买这件礼物，能免费包装吗?

Wǒ mǎi zhè jiàn lǐwù, néng miǎnfèi bāozhuāng ma

워 마이 저 지엔 리우, 넝 미엔페이 빠오주앙 마

이 선물 사면 무료로 포장해주나요?

B: 买包装纸，免费包装。

Mǎi bāozhuāngzhǐ, miǎnfèi bāozhuāng

마이 빠오주앙즈, 미엔페이 빠오주앙

포장지를 사시면 무료로
포장해드립니다.

Check Point!

중국여행을 하면서 선물을 구입할 때는 받는 사람을 위해서 정성스럽게 포장을 부탁하게 됩니다. 매장에서 물건을 구입할 때 부피가 크거나 무거워서 들고 다니기 힘든 경우는 머물고 있는 호텔에 직접 배달을 能送到饭店去吗(Néng sòngdào fàndiàn qù ma)?라고 부탁하거나, 아니면 매장의 따라 한국으로 직접 배송을 부탁할 수도 있습니다.

함께 포장해 주세요.

一起包吧。

Yīqǐ baō ba
이치 빠오 바

선물용으로 포장해 주시겠어요?

请按礼品包装，好吗?

Qǐng àn lǐpǐn baōzhuāng, hǎo ma
칭 안 리핀 빠오주앙, 하오 마

봉지에 넣어 주실래요?

请给装在袋子里，好吗?

Qǐng gěi zhuāng zài dàizi lǐ, hǎo ma
칭 게이 주앙 짜이 따이즈 리, 하오 마

호텔까지 배달해 주실 수 있나요?

能送到饭店去吗?

Néng sòngdào fàndiàn qù ma
넝 쏭따오 판띠엔 취 마

이걸 한국으로 보내 주시겠어요?

请把这个寄到韩国，好吗?

Qǐng bǎ zhège jìdào Hánguó, hǎo ma
칭 바 저거 지따오 한구어, 하오 마

이것을 보관해 주시겠어요?

请保管一下这个，好吗?

Qǐng bǎoguǎn yíxià zhège, hǎo ma
칭 바오관 이시아 저거, 하오 마

---

07 대화 다시듣기

□ □ □

A: 이 선물 사면 무료로 포장해주나요?

B: 포장지를 사시면 무료로 포장해드립니다.

학습일 / ☐

Unit 08

교환이나 환불을 원할 때

Mini Talk

A: 这件衣服有毛病，请给我换一件。

Zhè jiàn yīfú yǒu máobìng, qǐng gěi wǒ huàn yíjiàn

저 지엔 이푸 여우 마오삥, 칭 게이 워 후안 이지엔

이 옷에는 흠집이 있는데, 다른 것으로 바꾸어주세요.

B: 真对不起，我马上给您换一件。

Zhēn duìbuqǐ, wǒ mǎshàng gěi nín huàn yíjiàn

전 뚜이부치, 워 마상 게이 닌 후안 이지엔

정말 미안합니다.

바로 바꾸어드리겠습니다.

Check Point!

쇼핑을 할 때는 물건을 꼼꼼히 잘 살펴보고 구입하면 매장에 다시 찾아가서 교환이나 환불을 요구할 필요가 없습니다. 더구나 외국에서는 말이 잘 통하지 않기 때문에 어려움이 있기 마련입니다. 그러나 만에 하나 구입한 물건에 하자가 있을 때는 여기서의 표현을 잘 익혀두어 새로운 물건으로 교환을 받거나 원하는 물건이 없을 때 거리낌없이 당당하게 환불을 받도록 합시다.

Basic Expression

이것을 교환하고 싶은데요.

我想换一下这个。

Wǒ xiǎng huàn yíxià zhège

워 시앙 후안 이시아 저거

다른 걸로 바꾸어주실 수 있어요?

能给我换另一件吗?

Néng gěi wǒ huàn lìngyī jiàn ma

넝 게이 워 후안 링이 지엔 마

품질이 안 좋은데 바꾸어주세요.

质量低劣， 请给我更换。

Zhìliáng dīliè, qǐng gěi wǒ gēnghuàn

즈리앙 띠리에, 칭 게이 워 껑후안

이것을 반품할 수 있나요?

这个可以退吗?

Zhège kěyǐ tuì ma

저거 커이 투이 마

이것을 환불할 수 있나요?

这个能退钱吗?

Zhège néng tuì qián ma

저거 넝 투이 치엔 마

영수증 여기 있어요.

这儿有收据。

zhèr yǒu shōujù

절 여우 셔우쥐

---

08 대화 다시듣기

A: 이 옷에는 흠집이 있는데, 다른 것으로 바꾸어주세요. □ □ □

B: 정말 미안합니다. 바로 바꾸어드리겠습니다.

Unit

09 물건을 분실했을 때

Mini Talk

A: 您有什么事吗?

Nín yǒu shénme shì ma

닌 여우 선머 스 마

무슨 일로 오셨습니까?

B: 我的护照丢了。现在怎么办?

Wǒ de hùzhào diū le. Xiànzài zěnme bàn

워 더 후자오 띠우 러. 시엔짜이 쩐머 빤

제 여권을 잃어버렸습니다.

이제 어쩌죠?

Check Point!

도난이나 물건을 분실했을 경우, 먼저 공안국 외사과(公安局外事科)로 가서 도난, 분실 경위를 상세히 기술하면 담당자가 조서를 꾸며주지만, 다시 찾을 가능성은 극히 적습니다. 여권을 도난, 분실했다면 공안국에서 도난(분실) 증명서를 발급받아야 하며, 여권용 사진 2장을 지참한 뒤 한국영사관에 가서 임시여권 재발급 신청서를 작성하여 제출해야 합니다.

Basic Expression

열차 안에 지갑을 두고 내렸어요.

钱包丢在火车上了。

Qiánbāo diūzài huǒchē shàng le

칭빠오 띠우짜이 후어처 상 러

신용카드를 잃어버렸어요.

我丢了信用卡。

Wǒ diū le xìnyòngkǎ

워 띠우 러 신용카

여기서 카메라 못 보셨어요?

在这儿没看到照相机吗?

Zài zhèr méi kàndào zhàoxiàngjī ma

짜이 절 메이 칸따오 자오시앙지 마

분실물 센터는 어디에 있어요?

领取丢失物品的地方在哪里?

Lǐngqǔ diūshīwùpǐn de dìfang zài nǎli

링취 띠우스우핀 더 띠팡 짜이 나리

여권을 잃어버렸는데 좀 찾아주시겠어요?

我把护照丢了, 能帮我找找吗?

Wǒ bǎ hùzhào diū le, néng bāng wǒ zhǎozhao ma

워 바 후자오 띠우 러, 넝 빵 워 자오자오 마

어디서 잃어버렸는지 모르겠어요.

我不知道是在哪儿丢的。

Wǒ bùzhīdào shì zài nǎr diū de

워 뿌즈따오 쓰 짜이 날 띠우 더

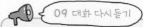

---

09 대화 다시듣기

A: 무슨 일로 오셨습니까?

B: 제 여권을 잃어버렸습니다. 이제 어쩌죠?

□ □ □

학습일 /

Unit 10

도난당했을 때

Mini Talk

A: 有什么倒霉事儿?

Yǒu shénme dǎoméi shìer

여우 선머 다오메이 설

무슨 재수없는 일이 있어요?

B: 上午逛街的时候，钱包被小偷偷走了。

Shàngwǔ guàngjiē de shíhou, qiánbāo bèi xiǎotōu tōuzǒu le

상우 꾸앙지에 더 스허우, 치엔빠오 뻬이 샤오터우 터우쩌우 러

오전에 쇼핑할 때

지갑을 도둑맞았어요.

Check Point!

被는 '~에 의해서 ~을 당하다'라는 의미의 피동문을 만듭니다. '지갑을 도둑맞았다'라고 말하려면 我的钱包被偷走了라고 합니다. 이때 누가 가져갔는지 행위자를 모르기 때문에 被 다음에 사람을 생략합니다. 중국에서 살면서 빈번하게 도난당하는 물건을 꼽으라면 아마도 자전거일 겁니다. 너무 좋은 자전거를 구입하지 않는 것도 한 가지 예방책입니다.

Basic Expression

거기 서! 도둑이야!

站住! 小偷!

Zhànzhù! Xiǎotōu

잔주! 샤오터우

저놈이 내 가방을 빼앗어갔어요!

是他把我的提包拿走了。

Shì tā bǎ wǒ de tíbāo názǒu le

스 타 바 워 더 티빠오 나저우 러

저전거를 도둑맞았어요!

我的自行车被偷了。

Wǒ de zìxíngchē bèi tōu le

워 더 쯔싱처 뻬이 터우 러

지갑을 소매치기 당한 것 같아요.

钱包被小偷偷走了。

Qiánbāo bèi xiǎotōu tōuzǒu le

치엔빠오 뻬이 샤오터우 터우쩌우 러

돈은 얼마나 잃어버렸어요?

丢了多少钱?

Diū le duōshǎo qián

띠우 러 뚜어사오 치엔

경찰에 신고하실래요?

你要报警吗?

Nǐ yào bàojǐng ma

니 야오 빠오징 마

---

10 대화 다시듣기

A: 무슨 재수없는 일이 있어요?

B: 오전에 쇼핑할 때 지갑을 도둑맞았어요.

☐ ☐ ☐

앞에서 배운 대화 내용입니다. 빈 칸을 채워보세요. 기억이 잘 안 난다고요? 녹음이 있잖아요. 녹음을 듣고 써보세요 . 정답은 각 유닛에서 확인하세요.

01 A: ______________________________?
Zhège chéngshì de gòuwùjiē zài nǎli

B: 很多呀。不过南京东路最热闹。
Hěn duō ya. Búguò Nánjīngdōnglù zuì rènao

이 도시의 쇼핑가는 어디에 있습니까?
많아요. 그런데 난징똥루가 가장 번화하죠.

02 A: 请问, ______________________________?
Qǐngwèn, zhè fùjìn yǒu bǎihuòshāngdiàn ma

B: 邮局对面就有一家百货商店。
Yóujú duìmiàn jiù yǒu yìjiā bǎihuòshāngdiàn

실례지만, 이 근처에 백화점이 있습니까?
우체국 맞은편에 백화점이 하나 있습니다.

03 A: ______________________________?
Mǎi shénme lǐwù héshì ne

B: 茶或酒类怎么样?
Chá huò jiǔlèi zěnmeyàng

어떤 선물을 사면 적당할까요?
차나 술은 어떠세요?

04 A: 你决定买哪个了吗?
Nǐ juédìng mǎi nǎge le ma

B: ____________________。
Hái méi juédìng

어떤 걸로 살지 결정했어요?
아직 결정 못했어요.

05 A: 太贵了, ______________________________。
Tài guì le, piányì yìdiǎnr ba

B: 真是对不起, 不能降价的。
Zhēn shì duìbuqǐ, bùnéng jiàng jià de

너무 비싸요, 조금 깎아주세요.
정말 죄송한데 가격을 낮출 수 없습니다.

06 A: 我觉得好像是算多了。
Wǒ juéde hǎoxiàng shì suàn duō le

B: 是吗? 请稍等一会儿。 ______________________。
Shì ma? Qǐng shāo děng yíhuìr. Wǒ quèrèn yíxià

계산이 많이 나온 것 같아요.
그래요? 잠시만요. 확인해볼게요.

07 A: 我买这件礼物, ______________________?
Wǒ mǎi zhè jiàn lǐwù, néng miǎnfèi bāozhuāng ma

B: 买包装纸, 免费包装。
Mǎi bāozhuāngzhǐ, miǎnfèi bāozhuāng

이 선물 사면 무료로 포장해주나요?
포장지를 사시면 무료로 포장해드립니다.

08 A: 这件衣服有毛病, ______________________。
Zhè jiàn yīfú yǒu máobìng, qǐng gěi wǒ huàn yíjiàn

B: 真对不起, 我马上给您换一件。
Zhēn duìbuqǐ, wǒ mǎshàng gěi nín huàn yíjiàn

이 옷에는 흠집이 있는데, 다른 것으로 바꾸어주세요.
정말 미안합니다. 바로 바꾸어드리겠습니다.

09 A: ______________________?
Nín yǒu shénme shì ma

B: 我的护照丢了。现在怎么办?
Wǒ de hùzhào diū le. Xiànzài zěnme bàn

무슨 일로 오셨습니까?
제 여권을 잃어버렸습니다. 이제 어쩌죠?

10 A: 有什么倒霉事儿?
Yǒu shénme dǎoméi shìer

B: 上午逛街的时候, ______________________。
Shàngwǔ guàngjiē de shíhou, qiánbāo bèi xiǎotōu tōuzǒu le

무슨 재수없는 일이 있어요?
오전에 쇼핑할 때 지갑을 도둑맞았어요.

EVERYDAY

Part 08

초대와 방문

중국어

학습일 /

Unit

01 전화를 걸 때

Mini Talk

A: 喂，请张先生接电话。

Wéi, qǐng Zhāng xiānsheng jiē diànhuà

웨이, 칭 장 시엔성 지에 띠엔후아

여보세요, 장선생님 부탁합니다.

B: 我就是，是李先生吗?

Wǒ jiù shì, shì Lǐ xiānsheng ma

워 지우 스, 스 리 시엔성 마

전데요, 이선생님이신가요?

Check Point!

전화는 상대방의 얼굴 표정이 보이지 않으므로 말을 정확히 알아들어야 하고 자기 의사를 분명하게 밝히는 게 중요합니다. 전화를 걸 때는 먼저 자신의 이름이나 소속을 알리는 게 예의입니다. '~를 바꾸어 주십시오'라고 할 때는 请 ~接电话(qǐng~ jiē diànhuà)라고 합니다. 전화로 '여보세요'라고 할 때에는 喂(wèi) 혹은 你好(nǐhǎo)라고 합니다.

Basic Expression

여보세요.

喂。

Wèi

웨이

전화번호는 몇 번이죠?

你的电话号码是多少?

Nǐ de diànhuà hàomǎ shì duōshao

니 더 띠엔후아 하오마 스 뚜어사오

여보세요, 536 3355죠?

喂，5363355吗?

Wéi, wǔ sān liù sān sān wǔ wǔ ma

웨이, 우 싼 리우 싼 싼 우 우 마

여보세요, 이선생님 댁인가요?

喂，李老师家吗?

Wéi, Lǐ lǎoshī jiā ma

웨이, 리 라오스 지아 마

이선생님 좀 바꾸어주세요.

请李老师接电话。

Qǐng Lǐ lǎoshī jiē diànhuà

칭 리 라오스 지에 띠엔후아

김부장님 계십니까?

请问，金部长在不在?

Qǐngwèn, Jīn bùzhǎng zài búzài

칭원, 진 뿌장 짜이 부짜이

---

01 대화 다시듣기

☐ ☐ ☐

A: 여보세요, 장선생님 부탁합니다.

B: 전데요, 이선생님이신가요?

학습일 / ☐

Unit

02 전화를 받을 때

Mini Talk

A: 对不起，他现在不能接电话。

Duìbuqǐ, tā xiànzài bùnéng jiē diànhuà

뚜이부치, 타 시엔짜이 뿌넝 지에 띠엔후아

죄송한데 지금 전화를 받기 곤란하십니다.

B: 那转告他给我回电话，好吗?

Nà zhuǎngào tā gěi wǒ huí diànhuà, hǎo ma

나 주앙까오 타 게이 워 후이 띠엔후아,

하오 마

그러면 제게 전화 해달라고

전해주시겠어요?

Check Point!

전화를 받을 때도 보통 喂(wéi)라고 합니다. 회사나 근무처일 경우에는 喂, 你好(Wéi nǐhǎo) 다음에 근무처 이름을 말합니다. 상대방을 확인할 때는 你是谁(Nǐ shì shéi)?라고 하기보다 你是哪位(Nǐ shi nǎ wèi 누구십니까)?, 你是哪里的(Nǐ shì nǎli de 어디십니까)?와 같이 말하는 편이 좋습니다. 누구를 찾는지 물을 때는 你找谁(Nǐ zhǎo shéi)?라고 합니다.

전화 좀 받아줄래요?

帮我接接电话，好吗？

Bāng wǒ jiējie diànhuà, hǎo ma

빵 워 지에지에 띠엔후아, 하오 마

누굴 찾으세요?

你找谁？

Nǐ zhǎo shéi

니 자오 쉐이

전데요, 누구시죠?

我就是，哪一位啊？

Wǒ jiù shì, nǎ yíwèi a

워 지우 스, 나 이웨이 아

어느 분을 바꿔드릴까요?

请问，换哪一位？

Qǐngwèn, huàn nǎ yíwèi

칭원, 후안 나 이웨이

지금 자리에 안 계신데요.

现在不在。

Xiànzài búzài

시엔짜이 부짜이

뭐라고 전해드릴까요?

我转告他什么？

Wǒ zhuǎngào tā shénme

워 주안까오 타 선머

02 대화 다시듣기

A: 죄송한데 지금 전화를 받기 곤란하십니다.

B: 그러면 제게 전화 해달라고 전해주시겠어요?

☐ ☐ ☐

학습일 /

Unit

03 약속을 청할 때

Mini Talk

A: 今天下午怎么安排?

Jīntiān xiàwǔ zěnme ānpái

진티엔 시아우 쩐머 안파이

오늘 오후 스케줄 있어요?

B: 下午我要开会。

Xiàwǔ wǒ yào kāihuì

시아우 워 야오 카이후이

오후에 회의가 있어요.

Check Point!

약속을 신청하는 입장에서는 먼저 상대방에게 편한 시간과 장소를 물어 불편하지 않도록 배려하는 것이 좋습니다. 상대방의 형편을 고려하지 않고 일방적으로 약속을 해서는 안 되며, 서로 착오가 일어나지 않도록 정확히 확인을 해둘 필요가 있습니다. 약속시간을 정할 때 '몇 시가 편하세요?'라고 물어보려면 你几点方便(Nǐ jǐ diǎn fāngbiàn)?이라고 합니다.

Basic Expression

시간이 있으세요?

您看有时间吗?

Nín kàn yǒu shíjiān ma
닌 칸 여우 스지엔 마

이쪽으로 좀 와주시겠어요?

您能不能到我这里来?

Nín néng bunéng dào wǒ zhèli lái
닌 넝 부넝 따오 워 저리 라이

이번 주말에 시간 있으세요?

这个周末你有空吗?

Zhège zhōumò nǐ yǒu kòng ma
저거 저우모어 니 여우 콩 마

내일 약속 있으세요?

明天有没有约会?

Míngtiān yǒu méiyǒu yuēhuì
밍티엔 여우 메이여우 위에후이

몇 시가 편하세요?

几点钟方便?

Jǐdiǎn zhōng fāngbiàn
지디엔 종 팡삐엔

우리 어디에서 만날까요?

我们在哪儿见面?

Wǒmen zài nǎr jiànmiàn
워먼 짜이 날 지엔미엔

---

03 대화 다시듣기

□ □ □

A: 오늘 오후 스케줄 있어요?

B: 오후에 회의가 있어요.

학습일 /

Unit

04 약속 제의에 응답할 때

Mini Talk

A: 今天下午怎么安排?

Jīntiān xiàwǔ zěnme ānpái

진티엔 시아우 쩐머 안파이

오늘 오후 스케줄 있니?

B: 对不起，晚上我有约。

Duìbuqǐ, wǎnshang wǒ yǒu yuē

뚜이부치, 완상 워 여우 위에

미안해. 저녁에
다른 약속 있거든.

Check Point!

약속 신청을 받아들일 때는 자신의 스케줄을 먼저 점검해보고 가능한 시간을 말해야 하며, 부득이 거절할 때는 상대방의 기분이 상하지 않도록 이해를 시켜주어야 합니다. 상대방의 제의를 수락할 때 가장 간단한 응답은 好(hǎo)라고 하면 됩니다. 친구와 약속한 후 '올 때까지 기다릴게'라고 약속을 확인할 때 不见不散(bújiàn búsàn)이라고 합니다.

Basic Expression

무슨 일로 절 만나자는 거죠?

你为什么要见我?

Nǐ wèishénme yào jiàn wǒ

니 웨이선머 야오 지엔 워

좋아요, 시간 괜찮아요.

好，我有时间。

Hǎo, wǒ yǒu shíjiān

하오, 워 여우 스지엔

미안해요, 제가 오늘 좀 바빠서요.

对不起，今天我有点儿忙。

Duìbuqǐ, jīntiān wǒ yǒudiǎnr máng

뚜이부치, 진티엔 워 여우디알 망

선약이 있어서요.

我已经有约了。

Wǒ yǐjīng yǒu yuē le

워 이징 여우 위에 러

다음으로 미루는 게 좋겠어요.

我有别的事，改天吧。

Wǒ yǒu biéde shì, gǎitiān ba

워 여우 비에더 스, 가이티엔 바

오늘 누가 오기로 돼 있어요.

今天我约了人。

Jīntiān wǒ yuē le rén

진티엔 워 위에 러 런

---

04 대화 다시듣기

☐ ☐ ☐

A: 오늘 오후 스케줄 있니?

B: 미안해. 저녁에 다른 약속 있거든.

Unit 05 약속하고 만날 때

Mini Talk

A: 很抱歉，让你久等了。

Hěn bàoqiàn, ràng nǐ jiǔ děng le

헌 빠오치엔, 랑 니 지우 덩 러

미안합니다, 오래 기다리셨죠.

B: 你看，已经过8点了。你怎么才来呢?

Nǐ kàn, yǐjīng guò bā diǎn le. Nǐ zěnme cái lái ne

니 칸, 이징 꾸어 빠 디엔 러.

니 쩐머 차이 라이 너

이봐요, 벌써 8시에요.

왜 이제 왔어요?

Check Point!

약속시간에 늦었을 때 사과의 말과 함께 我来晚了(Wǒ lái wǎn le) 또는 我迟到了(Wǒ chí dào le)라고 말합니다. 수업시간에 늦었거나 회사에서 지각했을 때도 쓸 수 있는 표현입니다. 차가 많이 막혔을 때는 堵得很厉害(dǔ de hěn lìhài)라고 합니다. 厉害(lìhài)는 상대방을 칭찬할 때도 쓰이지만 어떤 상황이 심각할 경우에도 사용할 수 있습니다.

금방 갈 테니까 잠깐만 기다려요.

请等我一下，我马上就来。

Qǐng děng wǒ yíxià, wǒ mǎshang jiù lái

칭 덩 워 이시아, 워 마상 지우 라이

올 때까지 기다릴게요.

不见不散。

Bújiàn búsàn

부지엔 부싼

오래 기다리시게 했네요.

让你久等了。

Ràng nǐ jiǔ děng le

랑 니 지우 덩 러

제가 늦게 왔네요.

我来晚了。

Wǒ lái wǎn le

워 라이 완 러

왜 이제야 오세요?

你怎么才来呢?

Nǐ zěnme cái lái ne

니 쩐머 차이 라이 너

저는 또 다른 일이 있어서 먼저 가 볼게요.

我还有别的事，先走了。

Wǒ háiyǒu biéde shì, xiān zǒu le

워 하이여우 비에더 스, 시엔 쩌우 러

05 대화 다시듣기

A: 미안합니다, 오래 기다리셨죠.

B: 이봐요, 벌써 8시에요. 왜 이제 왔어요?

□ □ □

학습일 ／ □

Unit 06

초대할 때

Mini Talk

A: 明天有聚会，请你来玩儿。

Míngtiān yǒu jùhuì, qǐng nǐ lái wánr

밍티엔 여우 쥐후이, 칭 니 라이 왈

내일 모임이 있는데 당신도 오세요.

B: 谢谢你的邀请。

Xièxie nǐ de yāoqǐng

시에시에 니 더 야오칭

초대해주셔서 고마워요.

Check Point!

일단 알게 된 사람이나 친구와 한층 더 친해지기 위해서는 자신의 집이나 파티에 초대해서 대화를 나누는 것은 서로의 거리낌 없는 친분을 쌓는 데 매우 중요한 의미를 갖습니다. 중국 사람들은 우리나라와 마찬가지로 기쁜 일이 있을 때 많은 사람들이 모여 축하를 해줍니다. 우리가 흔히 쓰는 '한 턱 내다'라는 표현은 중국어로 请客(qǐngkè)라고 합니다.

Basic Expression

함께 저녁식사를 합시다.

一起吃晚饭吧。

Yìqǐ chī wǎnfàn ba

이치 츠 완판 바

내일 저희 집에 놀러 오십시오.

明天到我家玩儿吧。

Míngtiān dào wǒ jiā wánr ba

밍티엔 따오 워 지아 왈 바

점심을 대접하고 싶습니다.

我想请你吃午饭。

Wǒ xiǎng qǐng nǐ chī wǔfàn

워 시앙 칭 니 츠 우판

술을 대접하고 싶습니다.

我想请你喝酒。

Wǒ xiǎng qǐng nǐ hējiǔ

워 시앙 칭 니 허지우

좋습니다. 가겠습니다.

好，我愿意去。

Hǎo, wǒ yuànyì qù

하오, 워 위엔이 취

죄송합니다만, 다른 약속이 있습니다.

抱歉，我有别的约会。

Bàoqiàn, wǒ yǒu biéde yuēhuì

빠오치엔, 워 여우 비에더 위에후이

---

06 대화 다시듣기

□ □ □

A: 내일 모임이 있는데 당신도 오세요.

B: 초대해주셔서 고마워요.

학습일 / □

Unit

07 방문할 때

Mini Talk

A: 我带来了小礼物，请收下。

Wǒ dài lái le xiǎo lǐwù, qǐng shōuxià

워 따이 라이 러 샤오 리우, 칭 셔우시아

작은 선물을 가져왔는데 받으세요.

B: 你太客气了，谢谢。

Nǐ tài kèqi le, xièxie

니 타이 커치 러, 시에시에

뭘 이런 걸 다,

고맙습니다.

Check Point!

집을 방문할 때는 家里有人吗(Jiālǐ yǒu rén ma)?라고 집안에 있는 사람을 부른 다음 집에서 사람이 나올 때까지 대문이나 현관에서 기다립니다. 주인이 나오면 谢谢你的招待(Xièxie nǐ de zhāodài)라고 초대에 대한 감사의 말을 하고, 준비한 선물을 我带来了小礼物, 请收下(Wǒ dài lái le xiǎo lǐwù, qǐng shōuxià)라고 건네며 주인의 안내에 따라 집안으로 들어서면 됩니다.

Basic Expression

집에 아무도 안 계세요?

家里有人吗?

Jiā lǐ yǒu rén ma

지아 리 여우 런 마

초대해주셔서 감사합니다.

谢谢你的招待。

Xièxie nǐ de zhāodài

시에시에 니 더 자오따이

제가 너무 일찍 왔나 봐요.

我来得太早了吧。

Wǒ lái de tài zǎo le ba

워 라이 더 타이 짜오 러 바

죄송합니다. 조금 늦었습니다.

对不起，我来晚了。

Duìbuqǐ, wǒ lái wǎn le

뚜이부치, 워 라이 완 러

조그만 선물을 가져왔습니다, 받아 주십시오.

我带来了小礼物，请收下。

Wǒ dài lái le xiǎo lǐwù, qǐng shōuxià

워 따이 라이 러 샤오 리우, 칭 셔우시아

이건 제 작은 성의니, 받아주십시오.

这是我小小的心意，请你收下吧。

Zhè shì wǒ xiǎoxiao de xīnyì, qǐng nǐ shōuxià ba

저 스 워 샤오샤오 더 신이, 칭 니 셔우시아 바

---

07 대화 다시듣기

□ □ □

A: 작은 선물을 가져왔는데 받으세요.

B: 뭘 이런 걸 다, 고맙습니다.

학습일 /

Unit 08 방문객을 맞이할 때

Mini Talk

A: 快请进，欢迎你!

Kuài qǐng jìn, huānyíng nǐ

콰이 칭 진, 후안잉 니

어서 들어오세요. 환영합니다!

B: 谢谢!

Xièxie

시에시에

감사합니다.

Check Point!

누군가를 환영할 때는 欢迎(huānyíng)이라고 하는데 欢迎，欢迎처럼 반복해서 말하기도 합니다. 음식점이나 영업장소에 가면 직원들이 고객을 맞이할 때 欢迎光临(huānyíng guānglín)이라고 말하는데 내 집을 방문한 손님께도 쓸 수 있습니다. 안으로 들어온 손님께는 请坐(qǐng zuò)라고 자리를 권하고 请喝茶(qǐng hē chá)라고 말하면서 차를 권합니다.

Basic Expression

어서 오세요.

欢迎，欢迎。

Huānyíng, haūnyíng

후안잉, 후안잉

와 주셔서 감사합니다.

欢迎光临。

Huānyíng guānglín

후안잉 꾸앙린

들어오세요.

快请进。

Kuài qǐng jìn

콰이 칭 진

이쪽으로 오시죠.

请这边来。

Qǐng zhèbiān lái

칭 저삐엔 라이

편히 하세요.

随便一点。

Suíbiàn yìdiǎn

쑤이삐엔 이디엔

오시느라 고생하셨어요.

路上辛苦了。

Lùshàng xīnkǔ le

루상 신쿠 러

---

08 대화 다시듣기

A: 어서 들어오세요. 환영합니다! □□□

B: 감사합니다.

Unit 09

방문객을 대접할 때

Mini Talk

A: 你们谈，我做饭去。

Nǐmen tán, wǒ zuò fàn qù

니먼 탄, 워 쭈어 판 취

말씀 나누세요, 저는 식사 준비할게요.

B: 真不好意思，给您添麻烦了。

Zhēn bùhǎoyìsi, gěi nín tiān máfan le

전 뿌하오이쓰, 게이 닌 티엔 마판 러

정말 죄송하네요,
번거롭게 해드려서요.

Check Point!

중국인의 집을 방문하면 보통 먼저 차를 마시며 이야기를 나눈 후 식사를 하게 됩니다. 우리와 달리 집안일을 남편과 아내가 함께 나누어 하는 문화가 보편적이어서 남편이나 아버지가 직접 앞치마를 두르고 음식을 준비하곤 합니다. 식사를 하기 전에 간단하게 술을 마시기도 하는데 술을 마시지 못할 경우 대신 음료수를 마시면 됩니다.

Basic Expression

차 좀 드세요.

请喝茶。

Qǐng hēchá

칭 허차

뭘 좀 드실래요?

您要喝点儿什么?

Nín yào hē diǎnr shénme

닌 야오 허 디알 선머

녹차 한 잔 하시겠어요?

要不要来一杯绿茶?

Yào buyào lái yìbēi lǜchá

야오 부야오 라이 이뻬이 뤼차

마음껏 드세요.

多吃一点儿啊。

Duō chī yìdiǎnr a

뚜어 츠 이디알 아

사양하지 마시고, 집처럼 편하게 계세요.

你别客气，像在家一样。

Nǐ bié kèqi, xiàng zài jiā yíyàng

니 비에 커치, 시앙 짜이 지아 이양

자, 사양하지 마세요.

来，请不要客气。

Lái, qǐng búyào kèqi

라이, 칭 부야오 커치

---

09 대화 다시 듣기

A: 말씀 나누세요, 저는 식사 준비할게요.

B: 정말 죄송하네요, 번거롭게 해드려서요.

☐ ☐ ☐

학습일 /

Unit

10 방문을 마칠 때

Mini Talk

A: 时间不早了，我该回去了。

Shíjiān bù zǎo le, wǒ gāi huíqù le

스지엔 뿌 짜오 러, 워 까이 후이취 러

시간이 늦었는데 이만 가보겠습니다.

B: 如果你有空儿，欢迎再来。再见。

Rúgǒu nǐ yǒu kòngr, huānyíng zài lái. zàijiàn

루거우 니 여우 콜, 후안잉 짜이 라이.

짜이지엔

시간 있으면 다시 오세요.

안녕히 가세요.

Check Point!

모임에서 먼저 자리를 떠나거나 방문을 마치고 돌아갈 때 我该走了(Wǒ gāi zǒu le) 또는 我该回去了(Wǒ gāi huíqù le)라고 인사합니다. 告辞(gàocí)라고 하면 '작별을 고하다'는 뜻입니다. 주인이 배웅을 나왔을 경우 '들어가세요'라고 만류할 때는 请回去吧(Qǐng huíqù ba) 또는 请留步(Qǐng liúbù)라고 합니다. 마지막으로 떠날 때는 초대에 대한 감사의 말도 잊지 않도록 합시다.

Basic Expression

집에 가야겠어요.

我该回家了。

Wǒ gāi huíjiā le
워 까이 후이지아 러

대접 잘 받았습니다.

谢谢你的盛情款待。

Xièxǐ nǐ de shèngqíng kuǎndài
시에시에 니 더 성칭 쿠안따이

너무 늦었어요. 이만 가볼게요.

时间不早了，我得回家了。

Shíjiān bù zǎo le, wǒ děi huíjiāle
스지엔 뿌 짜오 러, 워 데이 후이지아 러

지금 가신다고요?

你这就要走?

Nǐ zhè jiù yào zǒu
니 저 지우 야오 쩌우

좀 더 계시다 가세요.

急什么呀，再坐一会儿吧。

Jí shénme ya, zài zuò yíhuìr ba
지 선머 야, 짜이 쭈어 이후알 바

살펴 가세요. 시간이 있으면 또 놀러 오세요.

你慢走，有时间再来玩儿啊。

Nǐ màn zǒu, yǒu shíjiān zài lái wánr a
니 만 쩌우, 여우 스지엔 짜이 라이 왈 아

---

10 대화 다시듣기

A: 시간이 늦었는데 이만 가보겠습니다.

B: 시간 있으면 다시 오세요. 안녕히 가세요.

□ □ □

앞에서 배운 대화 내용입니다. 빈 칸을 채워보세요. 기억이 잘 안 난다고요? 녹음이 있잖아요. 녹음을 듣고 써보세요 . 정답은 각 유닛에서 확인하세요.

01 A: 喂，____________________。
Wéi, qǐng Zhāng xiānsheng jiē diànhuà

B: 我就是，是李先生吗？
Wǒ jiù shì, shì Lǐ xiānsheng ma

여보세요, 장선생님 부탁합니다.
전데요, 이선생님이신가요?

02 A: 对不起，____________________。
Duìbuqǐ, tā xiànzài bùnéng jiē diànhuà

B: 那转告他给我回电话，好吗？
Nà zhuǎngào tā gěi wǒ huí diànhuà, hǎo ma

죄송한데 지금 전화를 받기 곤란하십니다.
그러면 제게 전화 해달라고 전해주시겠어요?

03 A: ____________________？
Jīntiān xiàwǔ zěnme ānpái

B: 下午我要开会。
Xiàwǔ wǒ yào kāihuì

오늘 오후 스케줄 있어요?
오후에 회의가 있어요.

04 A: 今天下午怎么安排？
Jīntiān xiàwǔ zěnme ānpái

B: 对不起，____________________。
Duìbuqǐ, wǎnshang wǒ yǒu yuē

오늘 오후 스케줄 있니?
미안해. 저녁에 다른 약속 있거든.

05 A: 很抱歉，____________________。
Hěn bàoqiàn, ràng nǐ jiǔ děng le

B: 你看，已经过8点了。你怎么才来呢？
Nǐ kàn, yǐjīng guò bā diǎn le. Nǐ zěnme cái lái ne

미안합니다, 오래 기다리셨죠.
이봐요, 벌써 8시에요. 왜 이제 왔어요?

06 A: 明天有聚会，请你来玩儿。
Míngtiān yǒu jùhuì, qǐng nǐ lái wánr

B: ______________________。
Xièxie nǐ de yāoqǐng

내일 모임이 있는데 당신도 오세요.
초대해주셔서 고마워요.

07 A: ____________________________，请收下。
Wǒ dài lái le xiǎo lǐwù, qǐng shōuxià

B: 你太客气了，谢谢。
Nǐ tài kèqi le, xièxie

작은 선물을 가져왔는데 받으세요.
뭘 이런 걸 다, 고맙습니다.

08 A: 快请进，________________!
Kuài qǐng jìn, huānyíng nǐ

B: 谢谢!
Xièxie

어서 들어오세요. 환영합니다!
감사합니다.

09 A: 你们谈，我做饭去。
Nǐmen tán, wǒ zuò fàn qù

B: ______________________，给您添麻烦了。
Zhēn bùhǎoyìsi, gěi nín tiān máfan le

말씀 나누세요, 저는 식사 준비할게요.
정말 죄송하네요, 번거롭게 해드려서요.

10 A: 时间不早了，________________。
Shíjiān bù zǎo le, wǒ gāi huíqù le

B: 如果你有空儿，欢迎再来。再见。
Rúgǒu nǐ yǒu kòngr, huānyíng zài lái. zàijiàn

시간이 늦었는데 이만 가보겠습니다.
시간 있으면 다시 오세요. 안녕히 가세요.

EVERYDAY

Part 09

공공장소

중국어

학습일 /

Unit

01 은행에서

Mini Talk

A: 我想把美元换成人民币。

Wǒ xiǎng bǎ měiyuán huànchéng rénmínbì

워 시앙 바 메이위엔 후안청 런민삐

달러를 위안화로 환전하고 싶습니다.

B: 您要换多少？

Nín yào huàn duōshao

닌 야오 후안 뚜어사오

얼마나 바꾸시려고요?

Check Point!

중국의 은행은 중앙은행인 인민은행과 상업은행, 외자은행 등 종류가 다양합니다. 중국인은 물론 외국인도 은행에 계좌를 개설할 수 있으며 현금카드도 발급 받을 수 있습니다. 또한 곳곳마다 24시간 자동출금기 自动提款机(zìdòng tíkuǎnjī)가 설치되어 있어 편리하게 출금을 할 수 있습니다. 중국은 화폐단위가 元(yuán)이며, '환전'은 换钱(huànqián)이라고 합니다.

Basic Expression

저기요, 근처에 은행 있어요?

请问，附近有银行吗?

Qǐngwèn, fùjìn yǒu yínháng ma
칭원, 푸진 여우 인항 마

이 근처에 현금자동인출기 있어요?

这附近有没有自动取款机?

Zhè fùjìn yǒu méiyǒu zìdòng tíkuǎnjī
쩌 푸진 여우 메이여우 쯔똥 티쿠안지

여기서 환전할 수 있나요?

这里可以换钱吗?

Zhèli kěyǐ huànqián ma
저리 커이 후안치엔 마

한국돈을 중국돈으로 바꾸고 싶은데요.

我想把韩币换成人民币。

Wǒ xiǎng bǎ hánbì huànchéng rénmínbì
워 시앙 바 한삐 후안청 런민삐

계좌를 만들고 싶은데요.

我要开户头。

Wǒ yào kāi hùtóu
워 야오 카이 후터우

잔돈으로 바꾸고 싶은데요.

我要换零钱。

Wǒ yào huàn língqián
워 야오 후안 링치엔

---

01 대화 다시 듣기

A: 달러를 위안화로 환전하고 싶습니다. □ □ □

B: 얼마나 바꾸시려고요?

학습일 /

Unit

02 우체국에서

Mini Talk

A: 你要寄什么信?

Nǐ yào jì shénme xìn

니 야오 지 선머 신

어떤 편지를 부치시겠습니까?

B: 我要寄航空信，几天能到韩国?

Wǒ yào jì hángkōngxìn, jǐtiān néng dào Hánguó

워 야오 지 항콩신, 지티엔 넝 따오 한구어

항공우편으로 부탁합니다.

한국까지 며칠 걸립니까?

Check Point!

중국 우체국에서는 원래 서신거래, 소포발송, 전신 전보, 우표 판매 등의 업무를 취급하였는데, 최근에 전화와 핸드폰이 급증하면서 전화국이 새로 생겨 전신 전보 업무는 취급하지 않습니다. 그 대신 예의우편(礼仪邮件 lǐyí yóujiàn)이라는 업무를 신설하여 외지에 있는 친척이나 친구에게 꽃다발이나 생일케이크를 보낼 수 있게 되었습니다.

Basic Expression

우체통은 어디에 있죠?

请问，信箱在哪儿?

Qǐngwèn, xìnxiāng zài nǎr

칭원, 신시앙 짜이 날

우표는 어디서 사죠?

邮票在哪儿买?

Yóupiào zài nǎr mǎi

여우퍄오 짜이 날 마이

이 편지를 부치고 싶은데요.

我要寄这封信。

Wǒ yào jì zhè fēngxìn

워 야오 지 저 펑신

어떤 편지를 부치시게요?

你要寄什么信?

Nǐ yào jì shénme xìn

니 야오 지 선머 신

소포를 부치고 싶은데요.

我要寄包裹。

Wǒ yào jì bāoguǒ

워 야오 지 빠오구어

소포를 찾으러 왔는데요.

我要取包裹。

Wǒ yào qǔ bāoguǒ

워 야오 취 빠오구어

---

02 대화 다시듣기

A: 어떤 편지를 부치시겠습니까?

B: 항공우편으로 부탁합니다. 한국까지 며칠 걸립니까?

Unit

03 이발소에서

Mini Talk

A: 头发怎么剪?

Tóufà zěnme jiǎn

터우파 쩐머 지엔

머리를 어떻게 깎아 드릴까요?

B: 修剪一下就行了。

Xiūjiǎn yíxià jiù xíng le

시우지엔 이시아 지우 싱 러

다듬어주세요.

Check Point!

이발소는 理发店(lǐfàdiàn)이라고 합니다. 최근에는 한국처럼 남녀 모두 미용실을 이용하는 추세라서 특별하게 이발소를 고집하는 분들이 점점 줄어들고 있습니다. '머리를 자르다'는 표현은 理发(lǐfà) 또는 剪发(jiǎnfà)라고 하며, 머리를 다듬는 것 말고 머리를 감고 말려주는 洗头(xǐtóu) 또는 면도 刮脸(guāliǎn)를 받기도 합니다.

이발 좀 해 주세요.

我要理发。

Wǒ yào lǐfà

워 야오 리파

어떤 모양으로 깎을까요?

理什么发型?

Lǐ shénme fàxíng

리 선머 파싱

본래 스타일로 깎아 주세요.

请照原来的样子理。

Qǐng zhào yuánlái de yàngzi lǐ

칭 자오 위엔라이 더 양쯔 리

이런 모양으로 깎아 주세요.

给我理成这个样子。

Gěi wǒ lǐchéng zhège yàngzi

게이 워 리청 저거 양쯔

너무 많이 자르지 마세요.

别剪得太多。

Bié jiǎn de tài duō

비에 지엔 더 타이 뚜어

면도를 해 주세요.

请刮脸。

Qǐng guā liǎn

칭 꾸아 리엔

03 대화 다시 듣기

A: 머리를 어떻게 깎아 드릴까요? □□□

B: 다듬어주세요.

Unit 04 미용실에서

Mini Talk

A: 欢迎光临，剪发还是烫发?

Huānyíng guānglín, jiǎnfà háishì tàngfà

후안잉 꾸앙린, 지엔파 하이스 탕파

어서 오세요. 커트하시겠어요, 파마하시겠어요?

B: 我只要洗头。

Wǒ zhǐyào xǐtóu

워 즈야오 시터우

샴푸만 해주세요.

Check Point!

여성들이 이용하는 미용실은 美发店(měifàdiàn), 美容厅(měiróngtīng)이라고 합니다. 美发师(měifàshī 헤어디자이너)에게 원하는 스타일을 설명하기 힘들 때는 发型书(fàxíngshū 헤어스타일북)에서 고르거나 사진을 갖고 가서 보여주면 됩니다. 烫发(tàngfà 파마)나 剪发 (jiǎnfà 커트), 染发(rǎnfà 염색) 외에도 洗头(xǐtóu 샴푸)만 하는 경우도 많습니다.

Basic Expression

헤어스타일은 어떻게 할까요?

您要什么样的发型?

Nín yào shénmeyàng de fàxíng
닌 야오 선머양 더 파싱

머리만 감겨 주세요.

我只要洗头。

Wǒ zhǐyào xǐtóu
워 즈야오 시터우

파마해 주세요.

请给我烫发。

Qǐng gěi wǒ tàngfà
칭 게이 워 탕파

세트해 주세요.

我要做头发。

Wǒ yào zuò tóufa
워 야오 쭈어 터우파

이 헤어스타일이 유행이에요.

这种发型很流行。

Zhèzhǒng fàxíng hěn liúxíng
저종 파싱 헌 리우싱

헤어스타일을 바꾸고 싶어요.

我想换个发型。

wǒ xiǎng huàn ge fàxíng
워 시앙 후안 거 파싱

---

04 대화 다시듣기

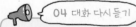

A: 어서 오세요. 커트하시겠어요, 파마하시겠어요? □ □ □

B: 샴푸만 해주세요.

학습일 / ☐

Unit

05 세탁소에서

Mini Talk

A: 我想把这条裙子剪短。

Wǒ xiǎng bǎ zhè tiáo qúnzi jiǎn duǎn

워 시앙 바 저 탸오 췬쯔 지엔 두안

이 스커트를 줄이고 싶은데요.

B: 您要剪多少?

Nín yào jiǎn duōshao

닌 야오 지엔 뚜어사오

어느 정도 줄일까요?

TIP

Check Point!

중국의 거리를 지나다 보면 干洗(gānxǐ)라고 써 있는 것을 볼 수 있는데 이는 '드라이클리닝'을 말합니다. 실크(丝绸 sīchóu) 제품이나 다운(羽绒 yǔróng) 제품 등 집에서 세탁하기 어려운 카펫 등 일부 값비싸거나 아끼는 의류라면 영세점의 경우는 기술상의 문제가 있을 수 있으므로 반드시 전문 세탁소에 맡겨야 품질을 오래 유지할 수 있습니다.

Basic Expression

이 양복을 세탁 좀 해 주세요.

请洗一洗这件西装。

Qǐng xǐyīxǐ zhè jiàn xīzhuāng

칭 시이시 저 지엔 시주앙

드라이클리닝 좀 하고 싶은데요.

我想干洗几件衣服。

Wǒ xiǎng gānxǐ jǐjiàn yīfu

워 시앙 깐시 지지엔 이푸

드라이클리닝은 얼마죠?

干洗一件要多少钱?

Gānxǐ yíjiàn yào duōshao qián

깐시 이지엔 야오 뚜어사오 치엔

언제 옷을 찾아가면 될까요?

我什么时候可以取衣服?

Wǒ shénmeshíhou kěyǐ qǔ yīfu

워 선머스허우 커이 취 이푸

이 셔츠에 있는 얼룩을 제거할 수 있을까요?

能除掉这件衬衫的污痕吗?

Néng chúdiào zhè jiàn chènshān de wūhén ma

넝 추땨오 저 지엔 천산 더 우헌 마

이 셔츠 좀 다려 주세요.

请把这件衬衫熨一下。

Qǐng bǎ zhè jiàn chènshān yùn yíxià

칭 바 저 지엔 천산 윈 이시아

05 대화 다시듣기

A: 이 스커트를 줄이고 싶은데요.

B: 어느 정도 줄일까요?

☐ ☐ ☐

학습일 /

Unit 06 부동산에서

Mini Talk

A: 你好，需要我帮你做点什么?

Nǐhǎo, xūyào wǒ bāng nǐ zuò diǎn shénme

니하오, 쉬야오 워 빵 니 쭈어 디엔 선머

안녕하세요. 무얼 도와드릴까요?

B: 我找有两个卧室的公寓。

Wǒ zhǎo yǒu liǎnggè wòshì de gōngyù

워 자오 여우 리앙꺼 워스 더 꽁위

침실이 두 개인 아파트를 찾고 있습니다.

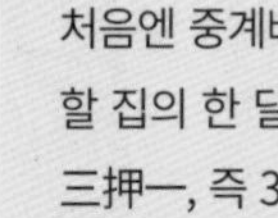

Check Point!

중국에서 방을 구하는 가장 안전한 방법은 부동산을 찾아가는 것입니다. 비록 처음엔 중계비가 있지만 사기당하는 것보다 낫습니다. 중계비용은 대략 입주할 집의 한 달 월세입니다. 전세가 없고 모두 월세로 보통 1년을 계약하고 付三押一, 즉 3달 월세에 한 달 보증금을 내고 입주합니다. 그리고 집을 구하면 24시간 이내에 관할 파출소에 가서 주숙등기를 해야 합니다.

Basic Expression

아파트 좀 보여 주시겠어요?

能让我们看看公寓吗?

Néng ràng wǒmen kànkan gōngyù ma

넝 랑 워먼 칸칸 꽁위 마

어떤 지역에 살고 싶으세요?

想在哪个区域居住?

Xiǎng zài nǎge qūyù jūzhù

시앙 짜이 나거 취위 쥐주

교통은 어떤가요?

交通怎么样?

Jiāotōng zěnmeyàng

쟈오통 쩐머양

이 아파트는 방이 몇 개죠?

这套公寓有几个房间?

Zhè tào gōngyù yǒu jǐgè fángjiān

저 타오 꽁위 여우 지꺼 팡지엔

집세는 얼마나 되죠?

房费是多少?

Fángfèi shì duōshǎo

팡페이 스 뚜어사오

언제 입주할 수 있을까요?

什么时候可以入住?

Shénmeshíhòu kěyǐ rùzhù

선머스허우 커이 루주

---

06 대화 다시듣기

A: 안녕하세요. 무얼 도와드릴까요? □ □ □

B: 침실이 두 개인 아파트를 찾고 있습니다.

학습일 / ☐

Unit

07 관공서에서

Mini Talk

A: 您有什么事吗?

Nín yǒu shénme shì ma

닌 여우 선머 스 마

무슨 일이십니까?

B: 我想问一下有关外国人注册的事。

Wǒ xiǎng wèn yíxià yǒuguān wàiguórén zhùcè de shì

워 시앙 원 이시아 여우꾸안

와이구어런 주처 더 스

외국인 등록에 관한 것을

묻고 싶은데요.

Tip

Check Point!

중국의 관공서는 매우 권위적입니다. 시내의 요지는 관공서 아니면 군부대의 많은 건물이 버티고 있습니다. 공상당 그리고 군대가 권력이고 힘이기 때문입니다. 그러한 관공서가 요즘에는 편의점과 은행, 인터넷 검색 등을 할 수 있습니다. 즉, 군림하는 정부에서 복무하는 정부로 탈바꿈하고 있습니다. 그 이면에는 변화에 대한 중국 정부의 굳건한 결심을 엿볼 수 있습니다.

Basic Expression

담당 부서를 알려 주시겠습니까?

能告诉我负责部门吗?

Néng gàosù wǒ fùzé bùmén ma

넝 까오쑤 워 푸저 뿌먼 마

이 일은 어느 분이 담당하십니까?

这业务由哪位负责?

Zhè yèwù yóu nǎwèi fùzé

저 예우 여우 나웨이 푸저

문서로 작성하셔야 합니다.

这得形成文书。

Zhè děi xíngchéng wénshū

저 데이 싱청 원수

우선 신청부터 하셔야 합니다.

你先得申请一下。

Nǐ xiān děi shēnqǐng yíxià

니 시엔 데이 선칭 이시아

번호를 받으시고 자리에 앉아서 기다리세요.

先领取号码，到座位等着吧。

Xiān lǐngqǔ hàomǎ, dào zuòwèi děngzhe ba

시엔 링취 하오마, 따오 쭈어웨이 덩저 바

여기에 서명하시고 날짜를 쓰세요.

在这儿署名，再写上日期。

Zài zhèr shǔmíng, zài xiěshàng rìqī

짜이 절 수밍, 짜이 시에상 르치

---

07 대화 다시듣기

□ □ □

A: 무슨 일이십니까?

B: 외국인 등록에 관한 것을 묻고 싶은데요.

Unit

08 경찰서에서

Mini Talk

A: 请帮我报警。

Qǐng bāng wǒ bàojǐng

칭 빵 워 빠오징

경찰에 신고해주세요.

B: 你怎么样?

Nǐ zěnmeyàng

니 쩐머양

당신은 어떻습니까?

Check Point!

중국 공안은 국무원 직속기관으로 통상적인 형사경찰, 교통경찰, 마약단속 등과 더불어 호적관리나 외국인주거등록, 소방 및 형무소관리, 그리고 비교적 경미한 민사사건의 중재 등도 담당합니다. 중국 생활 중에 외국인이 중국의 공안과 관계되는 부분으로는 우선 외국인 등록을 들 수 있습니다. 중국에 거주하는 외국인은 외국인 등록을 한 뒤 공안국에서 다시 등록해야 합니다.

경찰에 신고해야 합니다.

需要报警。

Xūyào bàojǐng

쉬야오 빠오징

경찰서는 어디에 있습니까?

警察局在哪儿?

Jǐngchájú zài nǎr

징차쥐 짜이 날

경찰에 신고해 주시겠어요?

能帮我报警吗?

Néng bāng wǒ bàojǐng ma

넝 빵 워 빠오징 마

경찰에 도난신고를 하고 싶은데요.

想向警察局提出被盗申请。

Xiǎng xiàng jǐngchájú tíchū bèidào shēnqǐng

시앙 시앙 징차쥐 티추 뻬이따오 선칭

누구에게 알려야 하죠?

要跟谁说?

Yào gēn shéi shuō

야오 껀 쉐이 수어

그 사람의 얼굴은 봤나요?

看到他的脸了吗?

Kàndào tā de liǎn le ma

칸따오 타 더 리엔 러 마

---

08 대화 다시듣기

A: 경찰에 신고해주세요.

B: 당신은 어떻습니까?

□ □ □

학습일 / □

Unit

09 미술관・박물관에서

Mini Talk

A: 经常去博物馆吗?

Jīngcháng qù bówùguǎn ma

징창 취 보어우구안 마

박물관에 자주 가세요?

B: 是的，我有时去博物馆。

Shì de, wǒ yǒushí qù bówùguǎn

스 더, 워 여우스 취 보어우구안

네, 박물관에
가끔 갑니다.

Check Point!

중국 박물관은 중국의 문물과 표본을 수장한 곳으로, 그 중 가장 대표적인 박물관으로 고대 역사유물이나 진귀한 보물을 수장하고 있는 고궁박물원(故宫博物院), 상하이박물관(上海博物馆), 산시역사박물관(陕西历史博物馆)이 있고, 역사적 발자취를 다룬 중국국가박물관(中国国家博物馆), 싼싱두이박물관(三星堆博物馆), 후난성박물관(湖南省博物馆) 등을 들 수 있습니다.

미술전시회에 가시겠습니까?

你去不去画展?

Nǐ qù búqù huàzhǎn
니 취 부취 후아잔

박물관에는 어떻게 가면 됩니까?

博物馆怎么去?

Bówùguǎn zěnme qù
보어우구안 쩐머 취

그 박물관은 오늘 엽니까?

那个博物馆今天开吗?

Nàge bówùguǎn jīntiān kāi ma
나거 보어우구안 진티엔 카이 마

재입관할 수 있습니까?

可以再入内吗?

Kěyǐ zài rù nèi ma
커이 짜이 루 네이 마

관내를 안내할 가이드는 있습니까?

有介绍馆内的解说员吗?

Yǒu jièshào guǎnnèi de jiěshuōyuán ma
여우 지에사오 구안네이 더 지에수어위엔 마

이 작품은 어느 시대의 것입니까?

这个作品是哪个时代的?

Zhège zuòpǐn shì nǎge shídài de
저거 쭈어핀 쓰 나거 스따이 더

09 대화 다시듣기

A: 박물관에 자주 가세요?
B: 네, 박물관에 가끔 갑니다.

☐ ☐ ☐

Unit 10

관혼상제

Mini Talk

A: 快过春节了。

Kuài guò chūnjié le

콰이 꾸어 춘지에 러

곧 설입니다.

B: 是啊! 给您拜个早年。

Shì a! Gěi nín bài gè zǎonián

스 아! 게이 닌 빠이 꺼 짜오니엔

그렇군요. 새해 복 많이 받으십시오.

Check Point!

중국의 대표적인 전통 명절로는 春节(chūnjié), 端午节(duānwǔjié), 中秋节(zhōngqiūjié) 등이 있으며, 음력 1월 1일인 春节나 음력 5월 5일인 端午节처럼 홀수가 중복되는 날이 많습니다. 또한 중국의 대표적인 현대 기념일로는 劳动节(Láodòngjié) , 建军节(Jiànjūnjié), 国庆节(guóqìngjié) 등은 특히 공산당의 정치적 역정과 관련이 많습니다.

Basic Expression

또 승진하셨네요. 축하합니다.

恭喜您又提升了。

Gōngxǐ nín yòu tíshēng le

꽁시 닌 여우 티성 러

당신 일로 저도 기쁩니다.

真替你高兴。

Zhēn tì nǐ gāoxìng

전 티 니 까오싱

성공을 빕니다.

祝你成功。

Zhù nǐ chénggōng

주 니 청꽁

결혼을 축하드립니다.

祝你们新婚快乐!

Zhù nǐmen xīnhūn kuàilè

주 니먼 신훈 콰이러

새해 복 많이 받으세요!

祝您过个好年。

Zhù nín guò gè hǎo nián

주 닌 꾸어 꺼 하오 니엔

어디서 장례식을 합니까?

在哪儿开追悼会?

zài nǎr kāi zhuīdàohuì

짜이 날 카이 주이따오후이

---

10 대화 다시듣기

A: 곧 설입니다.

B: 그렇군요. 새해 복 많이 받으십시오.

앞에서 배운 대화 내용입니다. 빈 칸을 채워보세요. 기억이 잘 안 난다고요? 녹음이 있잖아요. 녹음을 듣고 써보세요 . 정답은 각 유닛에서 확인하세요.

01 A: 我想把美元换成人民币。
Wǒ xiǎng bǎ měiyuán huànchéng rénmínbì

B: ______________________?
Nín yào huàn duōshao

달러를 위안화로 환전하고 싶습니다.
얼마나 바꾸시려고요?

02 A: 你要寄什么信?
Nǐ yào jì shénme xìn

B: ______________________，几天能到韩国?
Wǒ yào jì hángkōngxìn, jǐtiān néng dào Hánguó

어떤 편지를 부치시겠습니까?
항공우편으로 부탁합니다. 한국까지 며칠 걸립니까?

03 A: ______________________?
Tóufà zěnme jiǎn

B: 修剪一下就行了。
Xiūjiǎn yíxià jiù xíng le

머리를 어떻게 깎아 드릴까요?
다듬어주세요.

04 A: 欢迎光临，剪发还是烫发?
Huānyíng guānglín, jiǎnfà háishì tàngfà

B: ______________________。
Wǒ zhǐyào xǐtóu m ěiróng

어서 오세요. 커트하시겠어요, 파마하시겠어요?
샴푸만 해주세요.

05 A: 我想把这条裙子剪短。
Wǒ xiǎng bǎ zhè tiáo qúnzi jiǎn duǎn

B: ______________________?
Nín yào jiǎn duōshao

이 스커트를 줄이고 싶은데요.
어느 정도 줄일까요?

06 A: 你好, ______________________?
Nǐhǎo, xūyào wǒ bāng nǐ zuò diǎn shénme

B: 我找有两个卧室的公寓。
Wǒ zhǎo yǒu liǎnggè wòshì de gōngyù

안녕하세요. 무얼 도와드릴까요?
침실이 두 개인 아파트를 찾고 있습니다.

07 A: ______________________?
Nín yǒu shénme shì ma

B: 我想问一下有关外国人注册的事。
Wǒ xiǎng wèn yíxià yǒuguān wàiguórén zhùcè de shì

무슨 일이십니까?
외국인 등록에 관한 것을 묻고 싶은데요.

08 A: ______________________。
Qǐng bāng wǒ bàojǐng

B: 你怎么样?
Nǐ zěnmeyàng

경찰에 신고해주세요.
당신은 어떻습니까?

09 A: 经常去博物馆吗?
Jīngcháng qù bówùguǎn ma

B: 是的, ______________________。
Shì de, wǒ yǒushí qù bówùguǎn

박물관에 자주 가세요?
네, 박물관에 가끔 갑니다.

10 A: 快过春节了。
Kuài guò chūnjié le

B: 是啊! ______________________。
Shì a! Gěi nín bài gè zǎonián

곧 설입니다.
그렇군요. 새해 복 많이 받으십시오.

Part 10

병원

중국어

학습일 ／ □

Unit 01

병원에서

Mini Talk

A: 你好，我想挂门诊。

Nǐ hǎo, wǒ xiǎng guà ménzhěn

니 하오, 워 시앙 꾸아 먼전

안녕하세요, 접수하고 싶은데요.

B: 请出示门诊病历手册和就诊卡。

Qǐng chūshì ménzhěn bìnglì shǒucè hé jiùzhěnkǎ

칭 추스 먼전 삥리 셔우처 허 지우전카

진료수첩과

진료카드를 보여주세요.

Check Point!

중국 병원에서 진찰을 받으려면 우선 접수(挂号 guàhào)를 해야 합니다. 挂号处(guàhàochù)라고 써진 창구에서 자신이 받고 싶은 진료과목 등을 말하면 됩니다. 특정 의사에게 진료받기를 원한다면 접수할 때 미리 말해야 합니다. 접수처에서 진료수첩(门诊病历手册)을 파는데 중국에서는 의사가 진료한 내용과 처방을 진료수첩에 기록을 해줍니다.

Basic Expression

이 근처에 병원이 있나요?

这附近有没有医院?

Zhè fùjìn yǒu méiyǒu yīyuàn

저 푸진 여우 메이여우 이위엔

진찰을 받고 싶은데요.

我想看病。

Wǒ xiǎng kànbìng

워 시앙 칸삥

접수처가 어디죠?

挂号处在哪儿?

Guàhàochù zài nǎr

꾸아하오추 짜이 날

안녕하세요, 접수하고 싶은데요.

你好，我想挂门诊。

Nǐ hǎo, wǒ xiǎng guà ménzhěn

니 하오, 워 시앙 꾸아 먼전

어떤 과에서 진찰받고 싶으세요?

你要看哪一科?

Nǐ yào kàn nǎ yìkē

니 야오 칸 나 이커

어디서 약을 받나요?

在哪儿取药?

Zài nǎr qǔ yào

짜이 날 취 야오

---

01 대화 다시듣기

☐ ☐ ☐

A: 안녕하세요, 접수하고 싶은데요.

B: 진료수첩과 진료카드를 보여주세요.

학습일 /

Unit 02

증상을 물을 때

Mini Talk

A: 怎么了？你哪儿不舒服？

Zěnme le? Nǐ nǎr bù shūfu

전머 러? 니 날 뿌 수푸

어떠세요? 어디가 불편하시죠?

B: 我从昨天晚上开始头痛，发烧。

Wǒ cóng zuótiān wǎnshang kāishǐ tóuténg, fāshāo

워 총 쭈어티엔 완상 카이스 터우텅, 파사오

어제 저녁부터

머리가 아프고 열이 나요.

Check Point!

일반적으로 아픈 곳을 물어볼 때 你哪儿不舒服(Nǐ nǎr bù shūfu)?라고 합니다. 이 표현은 병원에서 의사가 환자를 진찰할 때 묻기도 하고 평소 안색이 안 좋거나 불편해보일 때 물어보는 말로도 씁니다. 접수처에서 증세를 말하고 어떤 과로 가야 하는지 판단하기 때문에 당황하지 않으려면 중국어로 된 표현을 미리 준비하는 편이 좋습니다.

Basic Expression

어디가 아프세요?

你哪儿不舒服?

Nǐ nǎr bù shūfu

니 날 뿌 수푸

어떻게 안 좋으세요?

怎么不舒服?

Zěnme bù shūfu

쩐머 뿌 수푸

열은 나세요?

发烧吗?

Fāshāo ma

파사오 마

기침은 하세요?

咳嗽吗?

Késou ma

커써우 마

소화는 어떠세요?

消化怎么样?

Xiāohuà zěnmeyàng

샤오후아 쩐머양

불편한지 얼마나 됐죠?

不舒服有多久了?

Bù shūfu yǒu duōjiǔ le

뿌 수푸 여우 뚜어지우 러

02 대화 다시듣기

A: 어떠세요? 어디가 불편하시죠?

B: 어제 저녁부터 머리가 아프고 열이 나요.

□ □ □

학습일 /

Unit
03 증상을 말할 때

Mini Talk

A: 我喉咙痛，流鼻涕，头疼。

Wǒ hóulóng tòng, liú bítì, tóuténg

워 허우롱 통, 리우 비티, 터우텅

목이 아프고 콧물도 흐르고 머리가 아파요.

B: 你这个样子多久了?

Nǐ zhège yàngzi duōjiǔ le

니 저거 양쯔 뚜어지우 러

이런 증상이 얼마나 됐죠?

Check Point!

중국의 병원은 중의원(中医院 zhōngyīyuàn)과 서양식병원(西医院 xīyīyuàn)이 있고 이 두 가지를 겸하는 병원 中西医结合医院(zhōngxīyī jiéhé yīyuàn)도 있습니다. 中医学에 가면 증세를 설명하고 진맥(诊脉 zhěnmài)을 합니다. 증상을 설명할 때 어느 부위가 아프거나 안 좋을 때 不舒服(bù shūfu), 疼(téng) 또는 难受(nánshòu)라고 말합니다.

Basic Expression

현기증이 좀 나요.

我有点儿头晕。

Wǒ yǒu diǎnr tóuyūn

워 여우 디알 터우윈

무엇 때문인지 머리가 약간 어지러워요.

不知怎么的头有点儿发昏。

Bùzhī zěnme de tóu yǒu diǎnr fāhūn

뿌즈 쩐머 더 터우 여우 디알 파훈

머리가 아프고, 좀 어지러워요.

头疼，还有点儿晕。

Tóuténg, hái yǒu diǎnr yūn

터우텅, 하이 여우 디알 윈

목이 아프고 콧물이 흐르고 머리가 아파요.

我喉咙痛，流鼻涕，头疼。

Wǒ hóulóng tòng, liú bítì, tóuténg

워 허우롱 통, 리우 비티, 터우텅

요 며칠 배가 아프고 설사도 했어요.

这几天肚子疼，还拉肚子。

Zhè jǐtiān dùziténg, hái lādùzi

저 지티엔 뚜쯔텅, 하이 라뚜쯔

눈이 충혈되고 굉장히 가려워요.

眼睛发红，特别痒。

Yǎnjing fāhóng, tèbié yǎng

이엔징 파홍, 터비에 양

03 대화 다시 듣기

A: 목이 아프고 콧물도 흐르고 머리가 아파요.

B: 이런 증상이 얼마나 됐죠?

☐ ☐ ☐

학습일 / ☐

Unit 04

검진을 받을 때

Mini Talk

A: 你去医院检查了吗?

Nǐ qù yīyuàn jiǎnchá le ma

니 취 이위엔 지엔차 러 마

병원에 가서 검사해봤어요?

B: 去过了。

Qù guò le

취 꾸어 러

갔었습니다.

Check Point!

접수를 하고 진료실에서 진찰을 받고난 후 추가로 검사할 사항이 있으면 먼저 수납을 하고 해당 검사실에 가서 검사를 받습니다. 수납처는 收费处(shōufèichù)라고 하고 '검사하다' 또는 '검사받다'라는 표현은 做检查(zuò jiǎnchá)라고 합니다. 건강검진은 身体检查(shēntǐ jiǎnchá)라고 하며 신장과 체중부터 CT검사까지 검사유형이 구분되어 있습니다.

Basic Expression

병원에 가서 검사해 봤어요?

去医院检查了吗?

Qù yīyuàn jiǎnchá le ma

취 이위엔 지엔차 러 마

금년에 건강검진을 받아본 적이 있어요?

今年你做过身体检查吗?

Jīnnián nǐ zuòguò shēntǐ jiǎnchá ma

진니엔 니 쭈어꾸어 선티 지엔차 마

한번 건강검진을 받아보세요.

我建议你检查一下身体。

Wǒ jiànyì nǐ jiǎnchá yíxià shēntǐ

워 지엔이 니 지엔차 이시아 선티

어떤 항목을 검사하죠?

检查什么项目?

Jiǎnchá shénme xiàngmù

지엔차 선머 시앙무

언제 결과가 나오죠?

什么时候出结果呢?

Shénmeshíhou chū jiéguǒ ne

선머스허우 추 지에궈 너

검사 결과는 어때요?

检查结果怎么样?

Jiǎnchá jiéguǒ zěnmeyàng

지엔차 지에구어 쩐머양

---

04 대화 다시듣기

□ □ □

A: 병원에 가서 검사해봤어요?

B: 갔었습니다.

Unit 05
이비인후과에서

Mini Talk

A: 擤鼻涕就出血。

Xǐng bítì jiù chūxiě

싱 비티 지우 추시에

코를 풀면 피가 납니다.

B: 擤鼻涕要轻点。

Xǐng bítì yào qīng diǎn

싱 비티 야오 칭 디엔

코를 살살 푸세요.

Check Point!

중국의 耳鼻喉科(ěrbíhóukē)도 우리나라 이비인후과와 마찬가지로 귀, 코, 목에 관련된 질환을 치료하는 곳입니다. 귀가 아프거나 코나 목이 아플 때는 가까운 곳에 있는 이비인후과에서 진료를 받을 수 있으며, 심할 경우에는 종합병원에서 정밀 진단 후 치료를 받을 수 있습니다. 물론 감기가 들었을 때도 진료를 받을 수 있습니다.

Basic Expression

잘 안 들려요.

听不清楚。

Tīng bù qīngchǔ

팅 뿌 칭추

귀에 뭔가 들어갔어요.

耳朵进了异物。

Ěrduo jìn le yìwù

얼두어 진 러 이우

코가 막혔어요.

鼻塞了。

Bísāi le

비싸이 러

콧물이 나와요.

流鼻涕。

Liú bítì

리우 비티

기침이 나고 목도 아파요.

咳嗽，咽喉痛。

Késou, yānhóu tòng

커써우, 이엔허우 통

목이 부었어요.

咽喉红肿。

Yānhóu hóngzhǒng

이엔허우 홍종

05 대화 다시듣기

A: 코를 풀면 피가 납니다. □ □ □

B: 코를 살살 푸세요.

학습일 /

Unit

06 안과에서

Mini Talk

A: 你的视力是多少?

Nǐ de shìlì shì duōshǎo

니 더 스리 스 뚜어사오

시력이 얼마나 됩니까?

B: 视力不太好。

Shìlì bú tài hǎo

스리 부 타이 하오

시력이

별로 좋지 않습니다.

Check Point!

안과(眼科 yǎnkē)에 진료를 받으러 갈 때는 미리 예약을 하고 가는 게 기다리지 않고 제 시간에 안과의사(眼科医生 yǎnkē yīshēng)에게 진료를 받을 수 있습니다. 창구 앞에 개인신상 정보와 어느 곳에서 진료를 받을지 적는 종이가 있는데, 여기 보면 专家, 普通 이라고 의사 등급을 선택할 수가 있습니다. 즉, 우리로 치면 특진 여부 체크하는 겁니다.

눈이 아파요.

眼睛疼。

Yǎnjing téng

이엔징 텅

눈이 가려워요.

眼睛痒痒。

Yǎnjing yǎngyang

이엔징 양양

눈이 따끔거려요.

眼睛辣辣的。

Yǎnjing làla de

이엔징 라라 더

흐릿하게 보여요.

我看不清楚。

Wǒ kàn bù qīngchǔ

워 칸 뿌 칭추

눈이 침침해요.

眼睛不好受。

Yǎnjing bùhǎoshòu

이엔징 뿌하오셔우

눈이 충혈되었어요.

眼睛发红了。

Yǎnjing fāhóng le

이엔징 파홍 러

---

06 대화 다시듣기

A: 시력이 얼마나 됩니까? □ □ □

B: 시력이 별로 좋지 않습니다.

학습일 /

Unit

07 치과에서

Mini Talk

A: 牙龈出血了。

Yáyín chūxiě le

야인 추시에 러

잇몸에서 피가 나요.

B: 有很多牙垢。

Yǒu hěn duō yágòu

여우 헌 뚜어 야꺼우

치석이 많이 끼었습니다.

Check Point!

여행 중에 병원에 갈 일이 없으면 좋겠지만 여행을 하다보면 아파서 병원에 가야 할 일이 생기는 경우가 있습니다. 만약 이가 아프면 牙科(yákē)에 가서 牙科医生(yákē yīshēng)에게 진료를 받아야 합니다. 치과에 가면 치석을 제거하거나(去齿垢 qù chǐ gòu) 충치를 뽑습니다(拔虫牙 bá chóngyá). 임플란트나 교정 등은 비싸므로 한국에서 하는 게 좋습니다.

Basic Expression

이가 아파요.

我牙疼。

Wǒ yá téng

워 야 텅

충치가 있습니다.

我有虫牙。

Wǒ yǒu chóngyá

워 여우 총야

이를 때워야 합니다.

我得补牙。

Wǒ děi bǔ yá

워 데이 부 야

이가 약간 흔들거려요.

我的牙齿有点松动。

Wǒ de yáchǐ yǒudiǎn sōngdòng

워 더 야츠 여우디엔 쏭똥

두드리면 이가 아파요.

敲敲牙就会疼。

Qiāoqiao yá jiù huì téng

챠오챠오 야 지우 후이 텅

이가 부러졌어요.

牙齿断了。

Yáchǐ duàn le

야츠 뚜안 러

---

07 대화 다시듣기

A: 잇몸에서 피가 나요.

B: 치석이 많이 끼었습니다.

학습일 / ☐

Unit

08 입원 또는 퇴원할 때

Mini Talk

A: 你的病情较严重，得住院治疗。

Nǐ de bìngqíng jiào yánzhòng, děi zhùyuàn zhìliáo

니 더 삥칭 쟈오 이엔종, 데이 주위엔 즈랴오

병세가 심각해서 입원치료를 받아야 합니다.

B: 要住几天?

Yào zhù jǐtiān

야오 주 지티엔

며칠 입원해야 하나요?

Check Point!

병원에 입원하는 것을 住院(zhùyuàn), 퇴원하는 것을 出院(chūyuàn)이라고 합니다. 입원환자들의 병실은 住院病房(zhùyuàn bìngfáng)이라고 하며 입원비에 따라 여러 종류로 나뉘어 있습니다. 환자를 간호하는 것은 陪护(péihù)라고 하거나 '돌보다'는 뜻을 가진 照顾(zhàogù)라고 합니다. 며칠 입원해야 하는지 물을 때는 要住几天(Yào zhù jǐtiān)?이라고 합니다.

Basic Expression

그이는 입원치료를 받아야 해요.

他得住院治疗。

Tā děi zhùyuàn zhìliáo
타 데이 주위엔 즈랴오

업무과에 가셔서 입원수속을 해주세요.

请到住院处办理住院手续。

Qǐng dào zhùyuànchù bànlǐ zhùyuàn shǒuxù
칭 따오 주위엔추 빤리 주위엔 셔우쉬

입원비는 언제 내죠?

住院费什么时候交?

Zhùyuànfèi shénmeshíhou jiāo
주위엔페이 선머스허우 쟈오

언제쯤 퇴원할 수 있을까요?

什么时候可以出院?

Shénmeshíhou kěyǐ chūyuàn
선머스허우 커이 추위엔

퇴원 후 집에서 한동안 쉬어야 합니다.

出院后, 得在家里休息一段日子。

Chūyuàn hòu, děi zài jiā li xiūxi yíduàn rìzi
추위엔 허우, 데이 짜이 지아 리 시우시 이뚜안 르즈

그는 이미 퇴원했어요.

他已经出院了。

Tā yǐjīng chūyuàn le
타 이징 추위엔 러

---

08 대화 다시듣기

A: 병세가 심각해서 입원치료를 받아야 합니다. □ □ □
B: 며칠 입원해야 하나요?

학습일 /

Unit

09 병문안할 때

Mini Talk

A: 听说你生病住院了，我真的好担心你。

Tīngshuō nǐ shēngbìng zhùyuàn le, wǒ zhēnde hǎo dānxīn nǐ

팅수어 니 성삥 주위엔 러, 워 전더 하오 띠엔신 니

아파서 입원했단 소식을 듣고 정말 많이 걱정했어요.

B: 谢谢你来看我。现在好多了。

Xièxie nǐ lái kàn wǒ. xiànzài hǎo duō le

시에시에 니 라이 칸 워.

시엔짜이 하오 뚜어 러

와주셔서 고맙습니다.

이제 많이 좋아졌어요.

Check Point!

‘병문안을 가다’를 探望病人(tànwàng bìngrén)이라고 하고 줄여서 探病(tànbìng)이라고도 합니다. 병세가 어떤지 물어볼 때는 你身体怎么样，好点儿了吗(Nǐ shēntǐ zěnmeyàng hǎo diǎnr le ma)?라고 합니다. 쾌차를 빌 때는 祝你早日康复(Zhù nǐ zǎorì kāngfù)라고 하고 ‘몸조리 잘 하세요’라고 할 때는 请多多保重(Qǐng duōduō bǎozhòng)이라고 합니다.

아프다는 소식을 듣고 보러 왔어요.

听说你病了，我来看看你。

Tīngshuō nǐ bìng le, wǒ lái kànkan nǐ

팅수어 니 삥 러, 워 라이 칸칸 니

역시 많이 쉬셔야 좋아요.

最好还是多休息。

Zuìhǎo háishì duō xiūxi

쭈이하오 하이스 뚜어 시우시

오늘은 어떠세요, 많이 좋아지셨어요?

你今天怎么样，好点儿了吗?

Nǐ jīntiān zěnmeyàng, hǎo diǎnr le ma

니 진티엔 쩐머양, 하오 디알 러 마

전보다 많이 좋아졌어요.

比以前好多了。

Bǐ yǐqián hǎo duō le

비 이치엔 하오 뚜어 러

의사는 며칠 더 지나면 당신이 좋아질 거래요.

医生说，再过几天就会好了。

Yīshēng shuō, zài guò jǐtiān jiù huì hǎo le

이성 수어, 짜이 꾸어 지티엔 지우 후이 하오 러

이렇게 와주셔서 고마워요.

谢谢你特地来看我。

Xièxie nǐ tèdì lái kàn wǒ

시에시에 니 트어띠 라이 칸 워

09 대화 다시듣기

A: 아파서 입원했단 소식을 듣고 정말 많이 걱정했어요. □ □ □

B: 와주셔서 고맙습니다. 이제 많이 좋아졌어요.

Unit 10
약국에서

Mini Talk

A: 你需要什么药?

Nǐ xūyào shénme yào

니 쉬야오 선머 야오

어떤 약 드릴까요?

B: 消化不好。

Xiāohuà bù hǎo

샤오후아 뿌 하오

소화가 잘 안돼요.

Check Point!

약을 파는 곳인 약방을 药房(yàofáng)이라고 합니다. 중국의 일반 병원에서는 의사가 처방전(处方笺 chǔfāngjiān)을 지어주면 그것을 가지고 收费(shōufèi)라고 쓰인 곳에 가서 치료비와 약값을 지불한 다음 약 타는 곳인 取药处(qǔyàochù)에서 약을 받으면 됩니다. 대부분의 병원은 中药(zhōngyào 중의약), 西药(xīyào 양약)을 취급하는 곳이 구분되어 있습니다.

Basic Expression

이 근처에 약국 있어요?

这附近有药房吗?

Zhè fùjìn yǒu yàofáng ma

저 푸진 여우 야오팡 마

이 약은 어떻게 먹죠?

这药该怎么服用?

Zhè yào gāi zěnme fúyòng

저 야오 까이 쩐머 푸용

하루에 몇 번 먹죠?

一天吃几次?

Yìtiān chī jǐcì

이티엔 츠 지츠

하루 세 번, 식후에 드세요.

一天三次，饭后服用。

Yìtiān sāncì, fàn hòu fúyòng

이티엔 싼츠, 판 허우 푸용

두통약 있어요?

有没有头疼药?

Yǒu méiyǒu tóuténgyào

여우 메이여우 터우텅야오

중의약을 드릴까요, 양약을 드릴까요?

你要中药还是西药?

Nǐ yào zhōngyào háishì xīyào

니 야오 종야오 하이스 시야오

---

10 대화 다시듣기

□ □ □

A: 어떤 약 드릴까요?

B: 소화가 잘 안돼요.

앞에서 배운 대화 내용입니다. 빈 칸을 채워보세요. 기억이 잘 안 난다고요? 녹음이 있잖아요. 녹음을 듣고 써보세요 . 정답은 각 유닛에서 확인하세요.

01 A: 你好，______________________。
Nǐ hǎo, wǒ xiǎng guà ménzhěn

B: 请出示门诊病历手册和就诊卡。
Qǐng chūshì ménzhěn bìnglì shǒucè hé jiùzhěnkǎ

안녕하세요, 접수하고 싶은데요.
진료수첩과 진료카드를 보여주세요.

02 A: 怎么了？______________________？
Zěnme le? Nǐ nǎr bù shūfu

B: 我从昨天晚上开始头痛，发烧。
Wǒ cóng zuótiān wǎnshang kāishǐ tóutèng, fāshāo

어떠세요? 어디가 불편하시죠?
어제 저녁부터 머리가 아프고 열이 나요.

03 A: 我喉咙痛，流鼻涕，头疼。
Wǒ hóulóng tòng, liú bítì, tóuténg

B: ______________________？
Nǐ zhège yàngzi duōjiǔ le

목이 아프고 콧물도 흐르고 머리가 아파요.
이런 증상이 얼마나 됐죠?

04 A: ______________________？
Nǐ qù yīyuàn jiǎnchá le ma

B: 去过了。
Qù guò le

병원에 가서 검사해봤어요?
갔었습니다.

05 A: ______________________。
Xǐng bítì jiù chūxiě

B: 擤鼻涕要轻点。
Xǐng bítì yào qīng diǎn

코를 풀면 피가 납니다.
코를 살살 푸세요.

06 A: 你的视力是多少?
Nǐ de shìlì shì duōshǎo

B: ______________________。
Shìlì bú tài hǎo

시력이 얼마나 됩니까?
시력이 별로 좋지 않습니다.

07 A: ______________________。
Yáyín chūxiě le

B: 有很多牙垢。
Yǒu hěn duō yágòu

잇몸에서 피가 나요.
치석이 많이 끼었습니다.

08 A: 你的病情较严重，得住院治疗。
Nǐ de bìngqíng jiào yánzhòng, děi zhùyuàn zhìliáo

B: ________________?
Yào zhù jǐtiān

병세가 심각해서 입원치료를 받아야 합니다.
며칠 입원해야 하나요?

09 A: 听说你生病住院了，我真的好担心你。
Tīngshuō nǐ shēngbìng zhùyuàn le, wǒ zhēnde hǎo dānxīn nǐ

B: ______________________。现在好多了。
Xièxie nǐ lái kàn wǒ. xiànzài hǎo duō le

아파서 입원했단 소식을 듣고 정말 많이 걱정했어요.
와주셔서 고맙습니다. 이제 많이 좋아졌어요.

10 A: __________________________?
Nǐ xūyào shénme yào

B: 消化不好。
Xiāohuà bù hǎo

어떤 약 드릴까요?
소화가 잘 안돼요.